俺たちの明日　上巻

——エレファントカシマシの軌跡

目次

第一章　『愛と夢』――狂騒の季節の後で　5

対談　宮本浩次×草野マサムネ（スピッツ）　91

第二章　『good morning』――革命をこの手に　131

第三章　『ライフ』――歌と生活を貫く照準　193

第四章　『俺の道』——宮本浩次、大人の逡巡　247
第五章　『扉』——死に様にこそ男あり　275
第六章　『風』——退屈の果ての悟り　293
第七章　『町を見下ろす丘』——それぞれの自立　309
あとがき　336

第一章

『愛と夢』——狂騒の季節の後で

はじまりは今

はじまりは今
僕らの目の前にある
迎えに行こう明日ある限り

いつもの町が
鮮やかに見えたのさ
迎えに行こう僕らの夢を

悲しみってやつを夏色に変えて
迎えに行くよ人ゴミの中
新しい町の夢を君に届けよう

はじまりは今
僕らの前に
風になびかせて行く僕がいる

許されるなら
バカらしくも鮮やかな夢を
追いかけて行こう明日あるかぎり
沈む町の陽を
君は見つめてる一人

迎えに行くよ今風の中
光る町の夢を君に届けるよ
はじまりは今僕らの前に
髪をなびかせて行く君がいる

迎えに行くよ　町に咲く花を
君の両手に届けに行こう

アルバムが50万枚行ったとしても、破綻がなくてつまらないんですよね
――「TOUR 1997 明日に向かって走れ〝秋〟」ファイナル終演直後

『明日に向かって走れ-月夜の歌-』がオリコン2位を記録して、50万枚――実質的には、出荷で43万ぐらいだと思いますけどね。年内には50万枚ぐらい行くんじゃないか、という見込みですけど。

ただ、僕は最初に公言しちゃってましたんで。『ココロに花を』が出る前に、「『ココロに花を』の次のやつはたくさん売りましょう！」っつって、メンバーとか事務所の人とか、みんなで勝手に盛り上がってたとこがありますんで。今の状況は、破綻がなくてちょっとつまらないんですよね。

何しろ「売れなきゃ意味がない」みたいなところで始めましたんで。「売れたい売れたい！」って夢に見ちゃうぐらい、うなされちゃうぐらい、そういう風に思ってたもんですからね。

だけど、まあ嬉しいです。嬉しいけれども、一般的に言うところのブレイクとかさ、そういうことじゃないのかなという気がしますけどね。ブレイクっていうのは、確実に予想

を上回ることを指すのであって。やっぱり、破綻がどっかにあるんだと思うんですよ。やっぱりこう、すごく地味だけど、少しずつ浸透してきたのかな——ドラマとかコマーシャルとか、あといろんな宣伝活動とかで確実に浸透して、こういう風になってきたのかな?っていうところですねえ。

もちろん、予想を下回らなくてよかったなっていうのはありますよ。ホッとしてるっていうところですか。とりあえずクリアはしてるっていうか。

ただ、気持ちの面では、3年前と何にも変わってないですね。『東京の空』っていうアルバムを出した頃と。

まあ、環境は多少変化したんです。っていうのは、テレビに出る回数が増えたわけですから、街を歩いていると、知名度は明らかに上がってるんですね。ただ、知名度ほどリアクションは返ってきてないっていうところはありますし。だから、苦しさとしては全然変わってないような気がしますけどね、自分の中で。「いい曲作んなきゃ!」みたいな。

他のメンバーは……基本的に何も考えてませんから(笑)。まあ、そういう方向で間違いないってみんなも当然考えてるとは思います。「よし、絶対売れたい!」って目が語ってますから、成ちゃん(高緑成治)とか。

でもいいじゃないですか。悪くはないと思いますよ。ホップ・ステップ・ジャンプのホップ・ステップぐらいだろうなあという気がしますけど。まあ、内容が——どうなんでしょう、ジャンプ！するような内容ではないんじゃないかなっていう風に思いますから。もっと期待してるもんがきっとあるんだろうなと。

そういうところでは、浮動票というところにいるかなあという気がするんですね、我々は。浮動票なんですよ、無党派層というか。

たとえば——フォークっぽいとか、70年代っぽいとか、ビジュアルっぽいっていうことじゃないですから。だから「これ！」っていう、本当に根底から優れた曲と、優れた歌詞と、優れたメロディと、優れた演奏で、初めてそういう何かが突破できるのかなっていうか……50万とかいう数字じゃ測れないところの、もっと国民的っていうか、ヒーロー路線っていうか、そっちに行けるんじゃないかっていう。

だからまあ、いい曲を作ればいいのかなっていう気がしますけどね。『明日に向かって走れ』はすごくいいアルバムだけども、まだそれほどストレートな力は持ってないのかもしれませんね。

とは言っても、音楽のポテンシャルで言ったら、すでに十分に持ってるんだから、それこそ1万枚の時から(笑)。難しいとこだよね。俺は道徳的だから——そういうのは「ストイック」って言うんでしょ？　だからこう、本当の喜びっていうものは、僕は得られないんじゃないかっていう感じもしますし。

昔、山崎（洋一郎／現・『ROCKIN'ON JAPAN』総編集長）さんが「松下幸之助でもそんなに成功者の気持ちを持ってないんじゃないか」みたいなことを言ってたけど、そういうことがあるのかなあという気がしますね……まあ、それは置いといても、きっともっといい曲って作れるんじゃないの？　だからやっぱり、環境を整えるべきかなあって気はしますけどねえ。いろんな意味で。

いや、今の環境がそんなキツいってことは全然ないですよ。なんか……スタッフも全員含めて、やっぱり同じものを見たいですよね。だから「売れるんだ！」っていう同じ目標を持っていても、「どういう風にして売れていくのか」っていうことに対して、同じ感覚をみんなで共有してた方が、より奇跡に近いものって生まれやすいのかなっていう気がするんで。そういう意味での「環境」ですかね。まあ人間関係なんでしょうけど。

みんながイメージを持つといいのかなあって感じしますよね。「売れる」っていうイメージがどういう風になるんだっていう。まあ、きっと一番イメージを持ちやすくなるのはいい曲だと思うんだよね。いい曲ができると「よしっ！」ってわかりやすい。言葉じゃ伝わんないよね。だから証明していかなきゃいけないし。

そりゃもうさ、誰が何つったって俺は「絶対すごい！」「バカヤロー、こんな歌を歌う奴いない！」っていう風に思ってるしさ。そういうのは大前提。それを立証するためには、いい曲でみんなを説得していくっていうか。

たとえば、テレビ出演が1本取れました、雑誌の露出を増やしました、それではい2万枚、10万枚になりました――そういう足し算だと嫌なんですよね。到達点がいきなりバーンと全員が見えて、それをパッと実現しないと嫌なんだと思います。

このツアーの前に、恒例でやってる日比谷野音のコンサートがあって――9月13日、単行本（『風に吹かれて-エレファントカシマシの軌跡』）を初めて売った日ですね。でも今回のツアーは、野音とは内容は全然違いますね。ツアーで新曲やろうかなと思ってたのもあるし。

野音と日本武道館はやっぱり特別っていうか、古い曲、企画ものができる場所ですよね。だから古い曲を入れたり、ゲストを呼んだり、っていう特別なものにしたいなあっていうのはありますけどね。そういうところだからこそやりやすいんだよね。

やっぱりツアーって、新曲やった方がみんな喜ぶし――喜ぶっていうか、新曲で勝負したいんだよ！　こっちの気持ちとしては。わかります？　ニューアルバムが出たんだからさ、みんながどういう反応してくれるんだろうっていうのを知りたいし、それで勝負したいんだよね。勝負っていうか聴いてほしいっていうか。ツアーの曲っていうのはね、そういうところから始まりますから。

日比谷の野音はツアーの前だから、古い曲をやりたかったんだよね。そういう単純なとこなんだよ。野音の時はやっぱりロックコンサートの感じがあるんだよね、イメージの中にね。解放感がある場所だし。ストレートっていうか。

だけど、今のツアーはもうちょっとこう……今回のツアーは、今までで一番会場が広いんだよね。それで幅広い人、新しい人が観に来てるでしょ？　だから、もうちょっとニュアンスが違うんですね。まあ、それはツアーをやり始めてから思ったんだけど。日比谷の野外音楽堂とはまったく反応が違うから。あとＮＨＫホールとかとも違うんだけど。

ツアーの方は、ちゃんと「エレファントカシマシの音楽はこういうものだ」として捉えてくれるんだよね。で、野外音楽堂とかＮＨＫホールはもうちょっと違って――やる側としても、日比谷の野外音楽堂は解放感がある場所だし、いろんな曲をチャレンジできるんですね。古い曲も全然自由に選べちゃうし、その中に新しい曲を入れていけばよかったんですよね。

で、ツアーっていうのは、何しろこのアルバムを新たに買ってくれてる人が、少なくとも前よりも圧倒的に多くなってるわけですから。そういう人たちに届けばいいっていう風に思ってました。かなり分けてましたね、考え方としてね。

でも、ツアーでの捉えられ方は驚きました。〝恋人よ〟とか〝風に吹かれて〟的な、ある種「重い」曲が非常にストレートに伝わったんじゃないかなという気がしますし。これはちょっと楽観的すぎかもしれないけど。

僕たちが10年ぐらい前にやってたようなロックコンサートとは明らかに質は違ってますけれども、ただある意味では近い感じの――「近い」っていうか同じものが、お客さんには見えてるのかなっていう実感はありました。ある種、充実した時間ですよね。

野音はもうちょっと乱暴な感じでやったんだよね。4枚目（『生活』）からもやったたし、3枚目（『浮世の夢』）からもやったし。ほんとに単純なことで、俺がギター弾いてないだけで――あれ不思議なもんでさ、俺がギター弾いてないとそういう音になって、やる側もそれなりの気持ちになってるわけ。それが出てるんだよね、きっとね。

日比谷の野音は古い曲も混ざってるから、アプローチがある種ロックっぽいっていうか、かつて持ってたような――まあ本当は今も持ってますけど――そういうものができますよね。今の曲はここ1年でできた曲ですから、その雰囲気がストレートに出てるんじゃないかな。

ツアーはやっぱり、ある種「乱暴じゃないコンサート」っていうのは心掛けました。要するに、「丁寧に曲を伝えていく」方法をとりましたね。破綻がないですよね。そういう方がなんか、みんな安心して観られるみたいよ、お客さんが多くなればなるほどね。ただ、お客さんがもっと多くなっちゃった時には、本当はストレートの方がカッコいいのかな？っていう気はするんだ。ツアーのステージが終わった後には――さっき「充実」って僕は言ったけど、それと同時にやっぱり、全然疲れてないじゃん？　もちろん高揚はしてるし、充実してるんだけども。

やっぱり、アルバム作った時の手応えと同じですよね。すごく充実してるんだけど、計算の中の範疇かなあって。それ、売れ方とかもそうなんだけどさ(笑)、全部が全部なんかそういう範疇かなあっていう感じがしますね、確かに。

今のエレカシの前にはもうひとつ、突き破るべき壁みたいなものがありますねえ。それが突き破れるのかどうかちょっとわかんないですけども、壁は確実に存在してますよね。非常に高い壁に立ちはだかられちゃってますねえ。困っちゃいますよねえ、ほんっとに。体ひとつしかないですから、非常に気分が重いですよねえ。

たとえばさ、俺のことよく理解してる友達と会ったら、それはそれで充実するけども、じゃあ新しく俺のことを知った友人と会って充実するかっつったら、そうじゃないんだよね。「それでもこれでもない、何かもっと……」っていうことなんだとは思うんですけど。それがないものねだりなのかもしんないし——すいません、なんか哲学問答みたいになってますけど。そういう感じなのかなあっていう気はします。

ただ確実に、ないものねだりだろうが何だろうが、壁がありますからね。あるにはあるんですから、まあしょうがないですね、これは。

『風に吹かれて』のシングルの2曲目に入ってる〝さらば青春〟っていう新曲は——かなりスピーディーにっていうか、ツアーの合間にちょちょちょちょちょっとやっちゃったんですけど、詞はもうそのままなんですねえ。だから、僕なんか聴いてても面白くないですけど……でもまあ、いいと思いますよね、今の時期として。『ココロに花を』『明日に向かって走れ』以降の曲だなっていう。

あれもさ、最初4人でレコーディングやったんだよね。で、アレンジも何にも変わってないのに、佐久間（正英）さんとやったらみんな良くなっちゃったんだよね。

みんな「プロデューサーってどういうことやんのか」って思うだろうけど――「ブースの向こうにいてOKを出してくれる人」っていう風に考えてもらうといいんですけど、やっぱりいると違うんだよねえ。おんなじアレンジでやってんだけどさ。

4人でやったものには、佐久間さんがいてOKが出たものとは違う良さがあるんだよね、もちろん。でも佐久間さんがいると、全体のクオリティは確実に上がるね。それは思います。まあそれはレコーディングのやり方で、曲の内容じゃないですけど(笑)。

やっぱり、信用できる人に頼むしかないですよね。そうすると、佐久間さんは俺ももちろん、全員が信頼してるから。それだけで全然変わりますねえ。

さっき「環境」って言いましたけども、やっぱり俺たち以外の人たちも同じものが見えてくると――佐久間さんっていうことじゃないんですけど――プラスアルファの人たちも一緒にドーンと行けるっていう。なんか、やっぱりチームワークですよね、最終的には。もちろん、ゴツンとした一個の核はなきゃいけないんだけども、最終的にはチームワークですね。人のせいにしてるわけでも何でもないですよ。やっぱりいい曲を作って、それを邁進していきたいっていうか。

最近、「上海に住もうかな」とかって思うんだよね。「東京はもういいや！」とかさ。

やっぱり東京は息苦しくなっちゃった、俺。

東京とかっつうとさ、『東京の空』以前の俺を思い出しちゃうわけよ。好きなのかねえ、やっぱり。なんかこう、すごく懐かしくなっちゃうんだよねえ……なんか逃げてますね、「東京から離れよう」なんて。

でも、「それでもこれでもない何か」はあると思う。1万枚でもない50万枚でもない何かっていうのは絶対あるはずだし。それをやれたら、それこそ本当に売れるんじゃない？……できるんでしょうかね、そんなの(笑)。じゃあ、そのためにもうひと波乱が必要なんですかねえ。

《突っ走るぜ　明日も》ってやってきて、さらにステップアップしようと思ってて

――1998年3月、シングル『はじまりは今』リリース2ヶ月前

ベスト盤（『エレファントカシマシ　ベスト』）が出て、正月の武道館公演があって。4月には初のライブビデオ（『コンサート1998　日本武道館〝風に吹かれて〟』）と、ビデオクリップ集が2本（『クリップス』『クリップス2』）出て。

ライブビデオはいいと思いますね。音もすごくいいです。クリップ集も、〝ドビッシャー男〟なんかはなかなか素朴で、妙に男っぽい感じが出てましたけどもね。

で、ニューシングルということになるわけですけども……発売日は決まってるんですが、曲自体はまだ決まってないんです。まあ、収録曲の候補として2曲、選んではあるんですけども。

「選べる」っていうのはいい状況なんじゃないでしょうかね。「曲がこれしかないから、もう出さなきゃ！」みたいな感じよりは、まだ若干時間が――ほんとに若干なんですけども――あるし、何曲かあるうちから選んで一番いいものを、っていうことなんですけどもね。

いや、あの2曲がダメっていうわけでは全然ないですね。自分たちが良くも悪くも出てると思いますし。

要するに、「その後の感じ」っていうか……もちろん僕は、その2曲でもいいと思ってるんですけども、ただ……何っつったらいいんでしょうかねえ？　まあ、「春に向けて楽しい曲も1曲入れてみようかな？」っていうのがあるんで――嘘ですけど(笑)。

うーん……今2曲あって、1曲はレコーディングの時点では歌えたんですけど、この前リハーサルやったら、声が高すぎて歌えなかった、っていうのがひとつにあったんですけども(笑)。

やっぱり、レコーディングで歌だけに集中してやるとできるものも、たとえばギター持っちゃったりするとできないものがあって。それをテレビとかで――コンサートでもそうですけども――やる時に問題があるなあっていうので、レコーディング自体をやり直したいなあっていうところがあったんです。

ただ――もったいないって言うとちょっと違うんですけども、「より良い曲を」って日々やってるわけですから、レコーディングするんだったら、より良い曲をもう1曲録って、グレードを上げたいなって――そんなことを今さら言うんだったら、最初からやってりゃよかったんですけども。その辺がちょっとドタバタしてますねえ、印象的には。

だから、自分の中では「もうちょっといい曲がある」っていうのがあるんでしょうね。

それで粘ってるっていう感じですかねえ。

もちろん「いい曲」っていうのは――これはもう、僕自身が思うのは勝手ですし、いい曲っていうのは、僕にはできますね。

ただまあ、やっぱり曲を作る時っていうのは――ちょっと待ってくださいね。誰でも問題っていうのは多かれ少なかれ抱えてるわけですし、バランス的に言っていいことと悪いことと、ちょっと考えてしまいますねえ、今。たとえば僕が今、お茶が好きとかっていうことも――急須を使いすぎて、指にタコができちゃったりするのも(笑)。

なんか今、お茶ブームみたいなのが、中流階級――っていうのがあるかどうか知らないですけど、まあ、ある程度時間がある奥様とかそういう方々にですね、中国のお茶のブームがありまして。

そんな中で、お茶屋さんで「あんた、男なのにお茶ですか?」みたいな顔されちゃったり、「若いのにお茶通なのね」とか言われちゃったりとかですね、そういう情けない思いもしたりもしますから――まあ、そんなことはいいんですけれども。

そういうことも含めましてですね、そうやって普通に生きてると、どうしても世の中の影響っていうのは多かれ少なかれ受けてるんだなあと。

もちろん、僕はもともと急須とか好きでさ、10年ぐらい前に――ほら、夏目漱石とか永井荷風とかが机の上に置いてあったりするわけ、硯とか急須を。急須かどうかはわかんないんだけど、長火鉢とか鉄瓶とか使ってたでしょ？　もちろん、お茶を飲む行為自体がすごく好きだったんですけど、それも当然、世の中の影響を受けてるわけで。

もっと近場のところで言えば、レコード会社の人とか、事務所の人とか、もちろんこういう取材の時のいろんな人の言葉からも、当然影響を受けてるわけで、その中でみんな、いい曲を作っていくわけですよね。そういうことなんですよ。


前の事務所が解散して、レコード会社の契約も切れちゃって、っていう状態からスタートして、それが一段落して――まあ、僕の中では『東京の空』から始まってるんですけども、まあ特に新しい事務所のみなさんと会って、『ココロに花を』『明日に向かって走れ』っていう2枚を、新しいレコード会社と事務所で、清々しい気持ちで作ったわけですけど。

それこそ《突っ走るぜ》（〝明日に向かって走れ〟）っていうところの――まあ自分でも素朴すぎる詞ですねえ、あれは。まあ《突っ走るぜ　明日も》って、本当にそういう心境でやってきたわけですよ。

で、さらにステップアップしようっていう風にみんなも思っていて、もちろん僕も思ってるわけですけれども。そこの認識はたぶん一致してるわけで、やっぱり明快にそれが表れてるものにしたい、それに向かってさらにいい曲でチャレンジしてみたいっていうのがあるんですよね。その方が曲の選択肢も増えるし。

だから、シングル出すことも決まってるし曲もあるけれども、まだ若干の時間があるんで「よし、もう一歩先に進んだいい曲を！」っていう、ある種の欲張りっていうか——そんなこと、以前では考えられなかったですけど。

言い方を変えれば、すごく恵まれた環境の中でチャンスをもらってるわけだから、いい曲を作ればみんなに届きやすくなるんじゃないか？っていう考えの中でやってるんですけどね。何か新しい部分を見せたいっていう、意欲的なところだと思いますよ。

その「新しい部分」っていうのは……僕はどっちかっつうと、名曲意識みたいなのは持ってません、現時点では。

ちょっとこれ、空々しい言い方になってしまうけれども……名曲とかって、結果としてみんなが思うものなんだよね。だから、俺自体が名曲意識を持って曲にチャレンジしちゃっても意味がないと思うんですよ。

たとえば、4枚目の『生活』に入ってる〝遁生〟っていう10分以上の曲が——それは売れなかったけれども——名曲か名曲じゃないかっつったら、僕は名曲だと思ってます。

ただ、それだってさ、僕の中では思ってるけれども——当たり前の基本的なことだけれども、売れる・売れないは別として、僕がより多くの人に聴いてほしいっていう意識で作るんだったら——音楽っていろんな場所で聴かれるものだから、名曲意識よりも、ストレートに自分の意志とかが入ってる、そういう風な届き方がしたいなと。

だから、聴く人に届いた時に名曲になっていくのかなっていう気がしますから、届かせなきゃ意味がないっていう風に思ってます。

〝今宵の月のように〟も〝遁生〟もさ——もちろん作った時の年齢も違う、時期も違う、環境も違う、そういったことで区別はありますけれども——俺の中ではそんなに区別がないんですよ。それがわかりやすいかなあ。

〝今宵の月のように〟は、僕は全然名曲意識で作ってなくて、本当に申し訳ないんだけども。「ドラマの中で使う」っていうところが第一義でしょ？　だって、僕がそこに「はい、〝遁生〟できました。これが僕の一番の名曲です！」っつって持っていっても全然ダメですから。

それはドラマと相俟っての形ではあっても、みんなが歌ってくれたっていうのは嬉しいじゃない？　だって俺の歌なんだもん。それでいいと思ってるわけですよ。だから、殊更に名曲じゃなくてもいいと思ってます。結果としてそうなればいいなあっていう想いはもちろんありますけど。

……また僕、ちょっと嫌だね。こういうカッコいいことを言っちゃってるとね、「ちょっとカッコつけすぎかなあ」と思って、昨日のことが頭をよぎっちゃうんですよ。

昨日、中華料理屋でちょっと酔っ払って「ここにいる方はみんな中国の方ですか？」っつったら、向こうの方は「ここにいる方」って意味がわかんなくて、嫌がられて男の店員が出てきちゃって。なんか「僕が酔っ払って絡んでんのか」って思われたのが、ちょっとショックで。「これ、外から見ると、オヤジが酔っ払って絡んでる風に見えんのかなあ」とかって思って、それが今ちょっと頭をよぎったんですよねえ。

ほら、僕は中国人が好きだから——日本人って卑屈なんだよね。たぶん昔からさ、すごく中国人のことを尊敬してたじゃない？　だけどそれって、向こうからしたら余計なお世話じゃん？　向こうは別に俺のこと好きじゃないしさ(笑)。

なんか、日清戦争とかもそういうとこなのかなあ。卑屈になっちゃうっていうか。日本人の愛情表現の出し方の下手さっていうか……まあそんなことはいいんですけども。すいません！　シングルの話なんですよね。

だから〝今宵の月のように〟は本当に偶然だと思ってますから。

まあ〝今宵の月のように〟はちょっと置いとくとしても、自分の意識としては当然、「俺やっぱり目立ちたい」とか「偉くなりたい」とかさ、単純なとこになっちゃうんだけど、なんかそういうとこで——僕は有名になりたいしさ、いい歌を作ってみんなに聴いてもらうのが第一だから。それはやっぱり「姿勢」って言うんでしょ？

だから、根本的な姿勢は、「みんなに聴いてほしい」ですよ。

まあ結果としてさ、それが売れるか売れないかっていうのは、しょうがないじゃないですか。半分運みたいなとこもあるから。

要するに、売れるシングルにしたいんですよ。みんなにわかりやすいシングルに。「少年よ、大志を抱け」って言いますよね？「BOYS, BE AMBITIOUS」って。

僕はもうBOYじゃないけれども、まあ大志を抱くことはいいことなわけで。まあ、三十にして立つ孔子じゃないですけど、それを具体的に結果として出していくための作戦を立てるべきところなんでしょうけど……でも、作戦なんて僕にはないですね。

だって、あれ（〝今宵の月のように〟）は偶然みたいなもんだもん。ドラマのスタッフの人が観に来てくれて「いい」って思ってくれて、それでたまたま売れるきっかけを作ってくれたっていう。だから、僕はいい曲を作るしかないんじゃないですか？

まあ、一昨年、去年と上手く行ったのは、僕が「いい曲を作る」っていうだけじゃなくて、たとえば「プロデューサーをつける」とか、レコード会社は「タイアップを取ってくる」とか、そういう作戦があって、それが結果につながったんだと思うんですよ。ただ、その先に行くための作戦があるかっていうと……まあ、僕は僕なりに考えっていうのはありますけども、他の方がどう考えられてるのかっていうのはわかりませんから。だけどまあ、僕は曲が基本だと思うよ、全部取っ払っちゃって言うと。

もちろん、『東京の空』から突然いい曲を書き始めたわけではないですけど、気持ちは変わってますからね。それは聴いていただければわかると思いますけれども。その次の『ココロに花を』でプロデューサーを佐久間さんにしたのは、それはみんな一致したからね、明快に。

だけど、たとえば『ROCKIN'ON JAPAN』も――僕は雑誌のことは全然わかんないけど、まず第一に「内容を充実させよう」とか思いませんか？　やっぱ内容が充実してるから、自信を持ってみんなに売れるんじゃない？　たぶん、そういうことですよね。

それって、当たり前のようでいて当たり前じゃないんだよ。お茶屋さんに行くとさ、「お茶どうぞ」って出されるけど、あれみんなマズいお茶を出すんだもん。「気合いが足んないな」とかって思いますけどね。「この1500円のお茶より、俺がいっつも入れてる600円のお茶のが旨いよ」って感じしちゃいますからね。

だからそういうことでしょ？　俺が手を抜かないで曲を作るっていうのは。その先のことはきちんとやってくださるんでしょうから。

でも、本当にそう思わない？　だって、バンドがいてさ、曲を作って演奏する。その人たちには「いい曲を作ろう！」っていう意志は少なくともある。それから先、みんなに知らせていこうっていう手段としては、やっぱりいろいろあるんだから、それをやっていくっていうことぐらいしか、僕にはもう――ほんとオーソドックスで、かえってわかりにくいかもしんないけど、そういうことじゃないですかねえ。

それを具体的にどういう風にやっていくかっていうのは、運もありますし、勢いもあるし、その曲が持ってる力もあるでしょうし――それが一番デカいのかもしんないけど。

不思議なもんだよね、そういう勢いとかって。人間にも、気分のいい時と、なぜか悪い時があるし。それはすごく細かい、いろんなものに影響されてるんだとは思うけども。「なんか今日はやたら信号が赤ばっかり」「電車に乗ろうと思ったら行っちゃった」「挙げ句に自動改札のところで肘打ちされる」とかさ、そういう巡り合わせの悪い時ってのはあるじゃないですか。

また逆にさ、お店の人がすごく感じが良くて、ラジカセひとつ買っただけで「どうぞ、エスカレーターはこちらです」って言ってくれたりとか、それだけで一日楽しかったりすることもあるから。

それってもう、その時その時——道徳の時間じゃないんだから、こんなこと言ってもしょうがないんだけども(笑)。でも、そういうことじゃないですか？　そういうムードっていうのは、すごく気持ちを左右するよね。

だから、少しでもいいムードになればいいなあっていうのもあるし。だけど、そういうプラスアルファのムードみたいなものは、来る時もあるし、来ない時もある気がしますよね。

今は小康状態じゃないですかねえ。そのどちらでもないっていうか、無風状態っていうか。だから、その勢いをここからどうやって作っていくのか？っていうことでしょうね。

今、新しく作ってる曲は……結果的にどうなってるかは別として、自分で「おおっ！」

っとできた曲ですね。エポックメイキングな曲。

たとえば〝悲しみの果て〟は、何にも考えてないのにできちゃった、みたいなところってあるわけですよ。あの曲がエポックメイキングかどうかは別として、ふっと急にできちゃったっていう感じの曲ですね。

まあ、〝悲しみの果て〟然り、〝ファイティングマン〟然り、〝遁生〟然り、常に目指そうと思ってなきゃ、そのエポックメイキングみたいな曲っていうのはできないわけなんですけども。

結局さあ、日常の生活の中でいろいろ考えたりとか、嬉しかったとか、フラれるとか、女の人をすごく好きになるとか、なんかカッコいいものがあったとか……自分の中にそういうショックなことが起きたりして、その相乗効果でできるもんですから。そういう曲は売れるとか売れないとかっていうところの蚊帳の外にあったりするんですよね。

だから、エポックメイキングを僕は今は目指してるけど、簡単にできるもんじゃないです。まあ、もちろんできることもあるでしょうし。今だって、9枚ぐらいアルバム出してるのに、そんな曲は本当に数えるほどですから。

ただ、それを僕は目標にしすぎちゃって――ナルシストじゃないけれども、その感じにすごく飢えて、欲しくて欲しくてたまらなくてできちゃった、そうじゃない「通常の曲」がたくさんあるんです。

〝ファイティングマン〟にしろ〝珍奇男〟にしろ〝悲しみの果て〟にしろ、そういう曲ができた時の感激は、普段の生活を超えちゃったものであるから、そのイメージを引きずりすぎて、僕がそっちに行きすぎちゃうと、なんか信じられないような曲ができちゃったり……っていうことがよくあったんですよ。悪い意味で。

自分でも納得できないし、その努力してる自分に満足しちゃってる曲っていうか。空回っちゃって、向こうにちっとも届かない曲がたくさんできちゃったりして……それはまあ、僕みたいに変に根を詰めてものを考えてる人間には付きまとってくることなんだけど。

だから、それも殊更に目指しちゃダメなんです。何かのきっかけがないと。

それこそ何かの偶然――たとえば、僕が大事にしてた急須が目の前で全部潰れるとか、目の前でメラメラと本が全部燃えちゃったとかさ。

あるいは、ある日、目が覚めたら、僕が明の時代の中国にいてお茶飲んでるみたいな(笑)。そういうことがあれば、中華風のエポックメイキングな曲ができるんでしょうけども、それを目指してても仕方ないんで。

要するに、僕が通常のものじゃなくて、新しいもの――新しいけども、それほど僕が根詰めてないっていうものを作りたいんですよね。

そういう曲って、実は作ったことがないですから。どうしても、どっかに自己満足っていうか、「僕はこんなに努力したんだから、もういいや!」みたいな、そういう鼻につくナルシストな感じが——そりゃあ一部の、僕のことをわかってくれてて「ミヤジ、よく頑張ったね！」って言ってくれる友達はたくさんいても、その人たちにしかわからない曲にはしたくないから。

だから、さっき言った「名曲意識を捨てなきゃいけない」っていうのは、まさにエポックメイキングに固執しすぎて、むしろ通常のものなんだけど、もっと重いものになってしまっているものがあるから。そうじゃなくて、すごくストレートに、普通のもので勝負できればいいのかなっていう風に思ってます。

この間「シングル候補です」って聴いてもらった2曲っていうのは、まだ今までの手癖の範囲内のような気がするんですよね。

だけど、結局は全部が手癖だと思うよ。だから、エレファントカシマシの手癖でもいいんだけれども、自分が素直に「みんなに届くんじゃないか」っていう風に、大らかに思えるものであればOKだし。そういう風に俺が思ってなくても、誰かがそれを後押ししてくれればいいわけだし。

たとえばさ、佐久間さんがプロデュースで、トム・デュラックがエンジニアの〝かけだす男〟にしろ〝ドビッシャー男〟にしろ、聴いた時にウォークマンを叩き壊しちゃった話がありますけども——あれだって僕はすごく覚悟してやったことだけど。要するに、それをきちっと後押しされれば全然問題ないわけよ。

だから、お互い様なんだろうね。勢いっていうのは、いろんな相乗効果でついてくるものなのかなあっていう。

今は、それこそさっきの「BOYS, BE AMBITIOUS」じゃないですけど、自分の中の理想があってそれを実現しようっていう部分と、エレファントカシマシとして1枚でも多く売れたいっていう現実的な部分とが、ふたつハッキリ見えてるんですよね。前はその2本をごっちゃに考えてたところがすごくあったんですけど。

でも、その区別でいくと、「男として、いつか……」っていうのは実はめちゃくちゃ現実的だよね。生きていく上において「よし、俺はいつかやってやるぞ！」っていうさ——まあ、自分にしかわかんない目標かもしれないけど。

何になろうとしてるかって？　……まあ、いいじゃないですか(笑)。確かに、前まで「区議会議員」とか言ってましたけど——いや、僕には総理大臣なんかできないよ！　絶対無理、そんなの。やめてくださいよ、俺そんなこと一言も言ってないんだから(笑)。

だけど、いい曲できればいいじゃん？　どんなきっかけだっていいんだよ。でも、僕は総理大臣なんて言ってないもん、一言も(笑)。「都知事になりたい」っていうのは——言ったけど、あれだって酔っ払ってたもん。総理大臣なんて僕、思ってないですからね。都知事ぐらいは、ちょっと思ってんのよ(笑)。

「俺は総理大臣になるために100万枚売るよ！」って……だけどそれは、若者同士の盛り上がりっていうかさ。「いつか世界を驚かせるような、でっかいことやろうぜ！」って何か始めてみたけど、胃潰瘍になって入院しちゃう奴とかいるじゃん？　それに近いのよ。そりゃあ、なれなくてもいいんだけど、世の中面白くないですよ！ってことですかね。

だけど……こんなの鼻についてしょうがねえよ(笑)。だって、半分シャレにならないところもあるから、俺が言ってると。もちろん、シャレにすることはないんだけれども、現実的にポニーキャニオンの宣伝の人が白けるよ、これは。

え、むしろ「100万枚売って都知事になります！」の方がいいですか？　じゃあ……素直に受け取らさせていただきます。ありがとうございます(笑)。

ただ、それで大いに失敗したじゃないですか、僕たちは。同じ失敗を繰り返しちゃあマズいのよ。それをわかる人はすごくわかるし、〝遁生〟だって好きな人は好きなのよ。でもそれって、みんなじゃないんだよ……だけどまあ、そんなこと言ってても、面白え奴だよなあ。笑えるよね。

ホテルに戻ると「こんなところで中国人にロマンを見ているのは現実逃避なんだろうか」って悩みました

――1998年夏：宮本、中国へ急須とお茶の旅に出る

いいんですか？　僕が上海に行っただけの話をしても。そうですか？

僕が小学校3年生の時にね、毎週水曜日、夜7時からテレビで『中国語講座』っていうのをやってまして、それを僕は毎週楽しみに観てたわけですよ。

ただ、毛沢東なんかも生きてましたからねえ、大変な時だったんですけど、なんか人民服を着た先生なんかが出てきましてね。だから、その時代から中国が好きなんですよ。中国、朝鮮、韓国、好きでしたねえ。なんかエキゾチックな感じがあったんですかね。

やっぱり、上海に降り立った時は泣きましたねえ。バカバカしい話で申し訳ないんですけどねえ。何なんでしょうね？　そもそもなんでこんなに急須が好きなのかよくわかりませんからねえ。

急須っていうのは、日本では非常に高価な値段で売買されてまして。何しろ高いんです

よ。しかも、あんまり良くないんですよ、日本で売られてる中国の急須は。

もちろん、いいものはあるんです。ただ、それは中華街なんかの限定された地域で。僕もよく行くんですけれども、なんで日本で買うとあんな高いんですかね？　たとえば「名人が作ったナニナニ」が30万円とかね。まあ、そこまで行っちゃうと、さすがに私も買いませんけど(笑)。その原因がわからなくて、「現地に行けば間違いなくそういったものが売ってるだろう」ということで、調査の意味も含めましてですね、行ってきたわけです。

僕が急須を買いだした頃って3～4年前ですから、そんなに高くはなかったんです。それは浮世絵がもう買えなくなってしまったんで――要するに契約が切れて給料がなくなっちゃったもんですから、急須に切り替えたわけなんですよ。それは２０００円――金額はいいですけども(笑)、まあいくらかで売ってまして。

あと、やっぱり契約が切れてる時に、『中国語講座』をＮＨＫ教育テレビで夜の7時から20分間やってまして。これを1年間、僕は観てました、はい。テキストを購入して、必ず予習・復習して、ビデオに録って、終わった後には繰り返し繰り返し観て、契約が切れてる期間はそれを僕の唯一の楽しみとして、泣いたり笑ったりしてですね。

で、『青木さんの留学豆日記』っていう、上海でロケした――スキットっていうんですか？　そういう外国語講座特有の小ドラマがありまして。現地で日本人に扮している中国人の方が、非常にいい演技してましてね。

まあ、そういったところを含めまして、上海に対する想いっていうものが――僕はもともと北京に行きたいなと思ってたんですけど、『青木さんの留学豆日記』を観て、上海に対する想いとか、急須とか、小学校時代の『中国語講座』とか――あと、やっぱり中国は文人気質っていうんですか、森鷗外とか夏目漱石なんかも、元を正せば中国の文人気質の生まれですから。漢詩書いちゃったりとか。

そういった部分もあって、中国に対する変な――要するにゲイシャ、フジヤマ、今だに教科書に風呂屋でみんなで浸かってるところが写真に使われてたりとか、そういう西洋人が日本に持ってるようなイメージかもしれないけど、神秘とロマンと子供時代からの憧れ、それから『留学豆日記』時代の思い出……いろんなものが錯綜してましてですね、何しろ「行きたい!」っていうのを強く思ってたんですよ。

レコーディングの前の時期だったんですけど、まとめてお休みをいただきましてですね、1週間行ってまいりました。上海、それから宜興《ギコウ》という陶芸の街ですね。

急須、植木鉢、大きな瓶――そういったものを作ってる、かつて世界で最高の技術を持ってた景徳鎮と並び称されるほどの素朴な素焼きの街・宜興、そういうところへ行ってきました。

まあでも、基本的には急須一本に絞られた、ある種「急須旅」だったわけです。「急須博物館」等々も行きましたし。

今思い出しても涙が出てきちゃうんですけど、ほんっとに素朴なねえ——アジアに関して「素朴」とかっていう言葉を出しちゃうところに、もしかするとどこか深いところに差別意識があるのかもしれませんけども、ただ僕は本質的には、中国が非常に好きです。憧れていますす。火鉢が好きだったことの、そのさらに奥底には中国があったっていうか。

現代の中国がそうかどうかっていうのは別として、だけど上海は非常に熱気のある、いいところでしたねえ！

まず着いたのが上海です。上海虹橋空港に到着しまして、初日は観光地に行きました。豫園《ヨエン》という場所の、『青木さんの留学豆日記』に出てたお茶屋さんですね。

僕は上海は直接の目的地ではなかったのですが、上海に1泊してから宜興に行くってことだったんで、何しろ上海の街をずーっと歩き続けましてですね。

まず、上海の街はマクドナルドとかデパートは11時ぐらいまでやってますしね。ただ、東京でも戦前においては、夜店っていうのが銀座通りなんかにダーッと出て、11時〜12時ぐらいまで営業してたっていう話を聞くとね——夜道をブラブラ歩くっていうのはひとつの楽しみなんですかねえ。常に賑わってるんです、夜は。

ただ、そういったものよりも何よりも、人がすごくタフな感じはしました。非常に人口が多いせいでしょうかねえ、熱気があるんですね。これ、僕は「活気」って言いたくないんです。やっぱり「熱気」なんです。人々のエネルギーが非常に若々しいっていうんでしりょうかね。

たとえば裏道なんかに入りますと、伝統的な下町の街角に茶器なんかが置いてあったりですね、野外で裸電球のところでみんなで麻雀やってたりとかですね――ものの見事に麻雀やってるとこには笑えましたけどね。

で、まあ日本人っていうと女を買うんでしょうか、「女綺麗ですか？」――「女要りますか？」ってことなんでしょうけど、「綺麗ですか？」って客引きに質問されたりなんかしまして(笑)。

まあしかしねえ、中国の女性っていうのは――僕は上海にたった1週間行っただけですけど、非常にスラッとしてて脂肪分が少ないっていうかですね。やっぱ食いもんが天然のものっていうんでしょうかね。それともお茶のせいですかねえ、やっぱり。

僕が感激したのは、みんな何しろお茶が好きで、自動販売機がそれほど普及してない点もありまして、やや年配の方は大事そうに水筒みたいなものにお茶入れて持ってたり、それから道端に行けばポットと湯呑が置いてあるんですねえ。ときどき急須なんかも置いてありますしねえ。

僕は1日に50杯から100杯飲みますけど、向こうの人は何しろひっきりなしにお茶飲んでます。しかも烏龍茶とかの中国茶を熱湯で濃く入れて飲みますからね、非常に強いんですよ。僕も初期において、お茶飲んで下痢しました。1日50杯飲んで胃が鍛えられたんですね。

特に日本茶は、ビタミンCとかああいったものがいっぱい入ってるんでしょうね。飲みすぎると良くないみたいですね。でも、緑茶も何も全部おいしかったです。素朴でね、非常においしいお茶をみんな飲んでました。

何しろマクドナルド、ケンタッキー、モスバーガー等々もちろんあるわけですけど、初日なんで、いかがわしかろうが何だろうが、僕は絶対中国料理屋に入りたかったんです。僕は日本においてはすぐファミレスかサ店で、高級料理の類っていうのはあんまり行かないですから、店を選ぶ基準っていうのは何が何だかまったくわからなかったんですけども、良さそうかどうかはわかんないけど何しろ中華料理屋に入りまして。

で、僕は『青木さんの留学豆日記』流にですね、「ニーハオ」とかそういった類の言葉を言いながら、料理を注文したわけです。その料理も、何が書いてあるのかわかりませんから、麻婆豆腐とチャーハンだけは押さえで頼みまして。メニューの中で麻婆豆腐だけはわかるんですよ。

あと、中国語ではたとえば「ティープチー」とか「ウォーヤオシェーカ」とかですね、要するに「これが欲しい」とか——何しろ1年間やってますからね、挨拶・買い物程度は不自由しなかったんで、これは自分でもびっくりしました。これは大発見でした。「NHK『中国語講座』で1年間やれば、旅行でお店等々の苦労はなくなる」っていうことがわかりました。ほんっとに驚きましたねえ。だからお礼の手紙をNHKに書こうと思ったぐらいなんです。

ただ、日本と同じ扱いであったなあと思ったのが、ウエイトレス・ウエイター等々が僕を見て笑っていました(笑)。非常に面白いもの扱いして笑っていましたねえ。

でも、笑ってもらって嬉しかったです。クールに冷たくされるより、笑ってくれるっていうのは、遊んでくれてるっていうか相手にされてるし、もしかしたら僕が帰った後の30分ぐらい、ウエイター・ウエイトレスたちの話のネタぐらいは提供したかもしれません、「変な日本人が来た!」と。

悪口はごちょごちょ言ってるんですが、こっちには中国語なんで何が何だかわかりませんから、全然大騒ぎして楽しみましたけど。だから、初日は食事なんかも全部、中華料理を頼みまして。非常に安いんですよ、これが。千円ぐらいで5品ぐらい出てきちゃうんです。だからもう、全然食いきれません。旨いですけど、独特な辛さが——僕はわかんないですけど、上海料理って辛いんですかねえ?


それでホテルに戻ったんですが、ホテルは日本資本のホテルでして、中国人のボーイっていうんでしょうか、彼らは英語を使いたがるんですね。でも、僕は中国語を使いたいもんですから、その辺で噛み合わなくてですね。僕が中国語で言っても、向こうは英語で答えるみたいな、お互いになかなか若々しいものを見せ合いまして。ギンギンでした。

ただ、僕としちゃあ英語を話されるよりは、わからないにしても中国語を何とかして聞きたいわけですよ。日本においては中華料理屋に行くと石君に「ニーハオ言ってごらん」って言ったりしてますしね(笑)。中国人がいても、どうしても自分で話しかけられなかったもんですから。でも、向こうだと全員中国人なんで、中国語を話せますから。

で、翌日はいよいよ宜興に行くというので、朝7時半に出て。

宜興には上海から電車で行くんです。「軟座」「硬座」ってありまして、僕らはある種グリーン車的な「軟座」を取りまして。そこはね、西洋人と日本人と台湾人と中国のインテリみたいな人しか乗ってないようなところでね。

そこでやっぱりお茶を淹れてくれましてね、非常にそのお茶はおいしかったですねえ。さすがに旨いです。向こうのお茶はすべて旨いです。びっくりしますよ。どこ行ってもお茶ですよ、これ。

で、無錫《ムシャク》っていうところで降りたんですが、やっぱ無錫まで行くとちょっと田舎でしてね。なんか〝無錫旅情〟っていう歌を尾形大作が出してるらしくて——無錫では、非常に気の好い田舎の現地案内人のおじさんがついてくれたんですが、その方は非常に尾形大作が好きらしくてですね(笑)。その方が「何をやってるんだ?」っつうので「歌手だ」って言ったら、「尾形大作さんがこちらでディナーショーなんかもやりまして、すごく良かったです。〝無錫旅情〟すごくいい歌です。歌手だったら、ぜひこっちでもディナーショーをやってください」「はあ、ありがとうございます」って、そんな話をしながらですね、無錫から宜興まで車で2時間でした。

これはもう大変なことになってましてね。中国の人っていうのは非常にエネルギッシュなわけですから、交通ルールを無視される方が多くてですね(笑)。まあタクシー、バス、自転車、徒歩、リヤカーを走らせてる人とかいっぱいいましてね、そうした人が道を横切るわ何だでね。

ただ、道はドワーッとハイウェイみたいに豪快でねえ。だから、一本の道を丸々通行止めにして建設しちゃうんですね。非常に国家の力が強いんですかねえ、やっぱり。中国ってノリにノってるなあって——まあ、僕はほんとの生活なんてわかりませんけれども、中国人の方は非常に生活水準高いですねえ。豊かな感じしましたよ、僕は。

ただ、非常に表面的な豊かさかもしれませんけれども。っていうのは、自国の製品じゃなくて、やっぱり舶来ものですから。車なんかも、(フォルクス)ワーゲンとの合弁ででてきたものでしたし、日本車なんかほとんど皆無ですし、カメラなんかも高かったし。

だから、岡田(貴之/フォトグラファー)がカメラ持ってると、みんなカメラだけ見んの。今欲しいものの1位はカメラだから。まあ、その水準までは来てるんですよ。車までは行かないけれども、カメラとかCDプレイヤーとか、そういったものが普通に入ってきてるんでしょうね。だからみんな、非常にエネルギッシュで希望に満ち溢れた目をしててねえ。

まあ、たった1週間の旅行だし、僕はほんとに中国が好きだから、何でも良く見えちゃってるのかもしれないからわかんないですけど、非常に、非常に希望に満ち溢れてる感じがしたんですなあ。

でも、ホテルに帰ったりすると僕は「こんなところに来て、中国人にロマンを見ているのは現実逃避なんだろうか？　何だろうか？」って悩みましたね。ただ、本当にパワーとスケールはあります。あと野望！「俺たちが世界の雄！」っていう。だから、悔しいですよ。今の日本人にはそういう部分はないですもんね？　僕は日本人だからそういう部分では悔しかったですけど……でも、嬉しいですねえ。世界のどこかにこういうところがある、と思うとね。

宜興に行くまでの間に、ものの見事に急須屋が死ぬほどあって、僕は10万個は見たと思う。実際、お店に入って見た数っていうのはそれほどじゃないけども、何しろ急須が死ぬほど売ってるんですよ！　露店だの何だの、どこもかしこも急須だらけ。もう宜興は急須！あとはお茶ね。街で急須屋のオヤジが「お茶飲め」って出してくれたお茶はね、死ぬほど旨かったですなあ。ちょっと泥臭くてねえ。もう宜興行くとみんな急須持ってました。まあそこはね、ちょっと荒川沿いにある運河を思わせるのね。小学校時代、そこは工業地帯だったんで、なんか郷愁みたいな……水上生活者がたくさんいて、子犬飼ってたりとか。だからやっぱり、中国って同じアジアだから、全然違和感がないんです。見慣れてるんです。おじいさんがブラブラ散歩してるとか、団地がいっぱいあったりとか——またそれが赤羽の団地に似てるんですよ！　綺麗なんです。赤羽の団地もすごく綺麗だし、そこも非常に掃除が行き届いていて、またみんなジャラジャラ麻雀やってんですよ。

で、また僕はホテルの従業員の人にからかわれました。

あの、両替のことを英語で何て言うんですか？　エクスチェンジって言うの？　中国語で換銭（ホワンチェン）って言うんですよ。これも嬉しかったエピソードなんですけど、僕が「ホワンチェン」って言ったら――嬉しかったって、何でも喜んじゃってるから結局はバカなんだけどさあ、俺。

「まあ遊んでもらってるな」っていう感じがしたのは、僕は『青木さんの留学豆日記』で動詞が先だっていう風に学んできましたから、換に銭で両替だろうと思ってホワンチェンって言ったんですけども、従業員はチェンホワンだって言うんです。だから「ああ、そうか、ありがとう」って言って、後で通訳の人に訊いたら「それは宮本さん、ホワンチェンで合ってますよ」って言われまして。

だから、ホテルの女の人に「変な中国語を使う日本人」としてからかわれたわけなんですけども、そういった部分でも相手にしてもらってて嬉しかったですけどねえ。やっぱり無視されるのは辛いですからねえ。

ただ、同行者の岡田君なんかは、そうやってからかわれると腑甲斐なく思ってたようですが（笑）、僕なんかは個人的に「そんなことで腑甲斐なく思うことないじゃないか！」って思ったりとかですね。もっと上手だったらそんなこと思わないしね、きっと。

そこでも中華料理屋なんかに行ったら、またみんなに笑われまして。ただ、「お国の言葉で『こんにちは』って何て言うんですか？」って言ったらスッと逃げて行く女の人には、また僕びっくりしましたけどね。「なんでそんな照れてんだ？」みたいな。よくわかんないですけども。

要するに、張り切ってました。中国語使いたくてしょうがないからね。だからもう、最初の3日間ぐらいでエネルギーを使い果たしちゃって、後半の2日は全部日本語でした（笑）。何しろ「絶対に中国語を喋ってやろう！」と思って行ってるから、何でもかんでも絶対中国語で喋ってるわけ。死ぬほど張り切っちゃって。だから何でもかんでも楽しいわけ。

どっかで郷愁とか安らぎとかを求めて行ってるところがあるから、中国の人たちにとっては僕は非常に失礼な考え方かもしれないなって思いながらも……ただ、やっぱり宜興の急須っていうのは土がいいですから！（笑）。

台湾なんかでも、今は急須っていうのはお金持ちが使うものですし、やっぱり特権階級なんです。笑っちゃったのはね、宜興には同じような家に住んでて、国家に保護されてる急須村みたいなのがあって、そこの一角でみんな急須を作ってるんだけどね、堕落しちゃってるの、金になっちゃうから。今は1個1万円とかで台湾人とか日本人が現地に行って買うから、堕落してました——まあ、僕が行ったところはね。全部を見たわけじゃないからわからないですけど、僕が見た範囲では「非常に金になる」っていう。

それがまたかわいいのがさ、日本の雑誌で宜興の急須の市場が紹介されちゃってたの。そこの人はね、すごい強気なんです。「いい急須あるよ！」みたいな人が出てきて、すごい高い値段で売るの。ところが違うところに行くとね、すごい普通の人が売ってて、同じものがすっごい安いの。だから、人間の嫌らしくなってく過程みたいなのがね(笑)。そういう意味でも面白かったなあ。

もう、みんな横並びで、金持ちも貧乏人もいないような宜興の街の中では、みんなのんびりお茶飲んだりしてるんだけど、ちょっと貧富の差が出てきたりとか「金になる！」って思うと、みんな目の色が変わっちゃったりするんだね、っていうのをね、同じ場所で肌で感じられたんですよ……これってやっぱり変な差別意識で見てるんですかね？


僕は、たとえば森鷗外だの夏目漱石だの、明治時代なんか「ああいった若々しい時代は帰ってこない」とかって思うし。そういった、変にロマンチックに自分でイメージを肥大化させて、ないものをねだっていくっていう構図が、僕にはひとつあるんです。

そういう僕のひとつの典型として、中国の急須作りの上手い人——顧景舟っていう非常に有名な方なんですけども——に対して、僕は勝手にイメージを持ちまして。日本でもその人の急須ってポツポツ売ってるんです。

まあ、僕は生きてると思っててね。写真なんかを見ても、眼鏡かけてて、眉間の辺りに痫癪を持ったような顔の、非常に一徹な男らしい職人的な風貌をしてまして。その人の急須を僕は持ってたんです。だから、「なんで人間国宝の急須が、日本で5000円で売ってるんだ?」みたいな(笑)、そういう感じで言ってたんですけども。

そしたら、とんでもなかったですなあ。もちろん本人は死んじゃってましたし。台湾、日本等々の急須サークルの中ではですね、ナンバーワン、別格もいいところでした。

実は、初日に上海であっさり売ってたんです。図録で見た急須だったんだけど、ヨタヨタになってひん曲がってるからさ、「これ本物かな? でも、きっとおじいさんになっちゃったから腕が鈍ってヨタヨタになってるんだよなあ」と思って僕は買わなかったんです。

だから、最初は「なーんだ、こんなに普及品で、上海の一陶芸屋で売ってるぐらいのものか。しかも、ヨタヨタでひん曲がってて、腕も衰えてるのか」とか思ってたの。

そしたら、とんでもなかった。ガイドの人に言ったら、「顧景舟さんですか!? そういう次元じゃありません。この間も博物館で2個盗まれました」って、そういう人だったのね(笑)。僕が見たのはもちろん偽物だし、売ってません。もう博物館クラスの人でしたね。

そういう人って、外交官にもなっちゃうのね。どこでもそうなの? たとえば、ポルシェ博士がヒトラーに「ワーゲン作れ」って言われたとかさ――わかんないけど、そういう偉い人っていうのは、国家の権力が強い間は国家に利用されるんでしょうね。

だから、たとえば宜興に日本の学者とか偉い人なんかが行った場合には、その顧景舟さんが必ず出てきて説明とかしてた、そういう次元の人だったみたいです。仮に生きてらっしゃったとしても、会うにはコネクションみたいなものが非常に必要だったのかもしれません。それほど別格だっていうことがわかったんで、嬉しかったですよ、逆に言えばね。

ただ、非常にすごい世界で——僕が持ってたものも、紛れもない偽物でした。

要するに顧景舟って、中国で急須を作ってる人たちの中ではもうブランドになってるんです。だから、顧景舟って印が押してあるのは「中国の宜興で作ったものですよ」っていうことのひとつの印ぐらい——それほど中国の宜興の急須が好きな人たちにとっちゃメジャーな存在みたいですね。

博物館にありましたけど、やっぱりすごかったですねえ。「これでお茶飲むの!?」みたいな、そういう次元のクオリティでしたね(笑)。だけど、全部デカくて笑っちゃったよ。サッカーボールぐらいのやつとかあったし……でも、本物はガラス越しだけどねえ。ただ、ピカピカしてましたね。僕にはちょっとわからなかったですね、あそこまで行っちゃうとね。もちろん素晴らしいですけど。やっぱり現地のヒーローなんですよ。

だから……何て言うのかなあ、それがやや作為的なっていうか、スローガンっぽいっていうかさ、「中国っていうのは、こういう優れた人物も輩出していますよ」みたいな。わからない、ほんとはわからないけども、僕はそういう感じもちょっと嗅ぎ取って、晩年は非常に——想像するとよ?——辛かったんじゃないかっていう気もしないでもないけど。もちろん、田舎の職人さんですからね、どっかでは誇らしく思いつつ、その反面どっかで職人として愚道……なんかそういう部分がね。

ただ、あの人が恐ろしいのはさ、非常にモダンな感覚を持ってるし、相当勉強したし。だから、おそらく森鷗外みたいに啓蒙者っていうか、「自分が引っ張って急須界を変えるぞ！」ぐらいのね、そういう意気込みを持ってたと思う。

もう、レベルが全然違うんだよね。たぶん、急須の見え方が我々と全然違うと思う。きっと急須しか見えないで終わったような人だったんでしょうね。人間が力強いんじゃない？　やっぱり、そういうものって技術を超えるじゃないですか。


なんで俺がこういうことを言ってるかっていうとね……俺は「何しろ顧景舟の家に行きたいんだ！」っつって、顧景舟の家まで行ったんですよ、実は。

これがさ、子供がいないんだって。もしかすると結婚してないんだと思う。それもすごいでしょ？　わかんないけど、おそらく結婚してないような気がします。っていうのは、子供がいないし、兄の息子を自分の息子のようにしてかわいがったんだって、姪っ子に言わせるとね。

で、その兄の息子の奥さんっていう人が家にいたんだけど、もうすでに偉い人の写真とかがバーッと家に貼ってあるわけ。彼女はそれを利用して商売をしてるんだよね。それは全然構わないことなんだけど、そういうのでちょっと残念だったんです。

もう2年前に亡くなられてるもんですから、非常に神格化されてて。それでさ、家だから「顧景舟の急須も見せてくれるかなあ」と思ってさ、わざと顧景舟の写真の下で手合わせたりして演技したんだけどね、結局見せてくれなかった(笑)。「うんうん、よしよし」みたいな感じでうなずかれちゃってさ、ダメだった。

やっぱり、中国人には僕の演技は通じなかったですねえ(笑)。「買えないまでも見せてくんねえかなあ」と思ってさ。ほら、触りたかったから。でも、絶対あるはずなんだけど、見してくれなかったね。だから、博物館で見るだけで――でも、僕はあんまり見なかったんです。何でしょうねえ？　逆に、別のを非常に見ちゃったりして。恥ずかしいし。

宜興には3日間いましたね。「この若さで初めて中国に来て、宜興に3日間いるって変な人ですねえ」とか言ってましたけど。もう、ほんと急須三昧。かなり急須を買いました、値段のやり取りしながら。

上海に戻ったんだけど、5万個の急須を見た後でしょ？　だから、やや急須の目利きにはなったです。

日本を発つ前はね、「なんで僕はこんな大事なものをボンボン叩き割るんだろう？」って疑いを持ってたの。電話とかして腹が立ったりとか、何かあるたびに急須叩き割ってましたから。でも、僕はどんなに頭に来ても、絶対に浮世絵とか古地図には近寄らないようにしてんの。やっぱり、大事なものは破らないのね(笑)。

だけど、顧景舟って書いてある急須はボンボン投げてたから、疑問に思ってたの。そしたら、やっぱり本物じゃなかったからなんです。本物だったら、そんなに割るわけないんだよ。宝物を破ったりしないし。それだけでもわかったんですから、ひとつ大人になって帰ってきましたね。

本当にいい急須っていうのは、1日1個もできないですね。僕、顧景舟の急須とか見て思ったけど、1日1個、ないし2日で1個、3日で1個ですねえ。

僕は急須を作ってる工場なんかも5箇所ぐらい見学しましたけれども、こういう型にはめて作るんですね。でも顧景舟は、最初から全部自分で作るから、3日で1個とかじゃない？　だからほんと、芸術の次元なんだよねえ。

僕さ、家具を買ったんですよ。家具屋も暴利を貪ってるね。あのね、渋谷にこじゃれた店とかあってね。ほら、ここ何年かアジアンブームじゃないですか。そうすると、なんか雑誌でも――だけど俺もよくそういうのに便乗してるっていうか、なぜか変なマダムが好きそうな趣味と同じなんですよ。だから結局、僕は流行に乗っちゃってるんですけどもね(笑)。

まあ、だからそういうところに行くとね、わけのわかんない家具が1個30万とかするんだよ？　でも、現地で買うとさ――モノが違うのかもしんないけど、2万とか3万とかで売ってるんですよ、あれ。

日本じゃあ、2人掛けの食堂のテーブルだって2万じゃ買えないんですよ？　どんなに安い家具屋でも、3万9800円とかするんですよ。それがさ、木の一枚板でできてるすごい家具が、3万ぐらいで売ってるわけ。

「これは買うぞ！」と思って、またカタコトの中国語でさ。そしたら、現地の若い女の人はさ、嬉しいことに俺が話してると、みんな笑ってくれるんだなあ。で、僕はお金を払って買ったんだけど、向こうの国営商店は運んでくんないから、ホテルまでの道のりを机をかついで帰ったわけですよ。

それを航空便みたいなので送ろうと思って、リヤカーで引いてもらって郵便局に行ったら、「これは骨董品かもしれないから、検査が要るから来週の木曜日にまた来い」とか言われちゃって、買ったはいいけど送れないんですよ。

で、また家具屋に行ったら、今度は店長みたいな人が出てきて、僕が言ったら「～テイバー、～テイバー」とか言ってるから、「僕は必ずここに来た時に買うから！」っつって、「再来」って書いてさ、「シェーシェー」っつったら「うんうん」とか言うから、「ああ、これは置いといてくれるんだな」と思って。

だから、「僕は宮本と申します」っつったら「コンペー～テイバー」とかっつって――まあよくわかんないんです。何しろ家具屋に置いてきました(笑)。また取りに行かなきゃいけないですねえ、しかも木曜日に。

「木曜の1時に人民広場のそばであるから、そこに行って」とか「税関が今日は休みだから月曜日に来い」とかさ、なんか意地悪なのか、やっぱその辺は共産圏なのかなあ。

そこでも男が俺にものすごく怒ってて、だから俺も怒ってましたよ。そしたら、たぶん怒ってないんだよね、ああいう態度なんだと思う。だけど、女の人はやっぱり親切なんだよ……そんな気がするだけなのかなあ？

いやあ、行ってよかったですよ。エネルギーを補充した感じがします。だからこれ、結果的にいい曲ができれば「よかった」ってことになるんですね。でも、そんなこといやらしく考えなくても――まあ、すごく楽しかったです。すごく楽しかった。

だからね、NHKの『中国語講座』、これ忙しい人はいいんじゃないっすか？　本当は先生に付いた方がいいんだけど、旅行だったら『中国語講座』の入門コースで十分ですよ。今度『青木さんの留学豆日記』のビデオを観てください。すっごくいいんだわ。

7月にアルバムのレコーディングなんですよね。6月中に10曲ぐらい作んなきゃ。ふっはは！　どうなんでしょうね？　わかんないんですけど。まあだけど、曲なんか、その気になりゃ1時間もあればできますから。100万枚売ります！(笑)。

こんなに才能を持ってる男がいい曲を作れなきゃ生きてる意味がない。勝たなきゃ！

——1998年9月18日、シングル『夢のかけら』リリース

この〝夢のかけら〟っていう曲はですね——まあ形式的ないきさつですけども、〝はじまりは今〟っていう曲が5月に出た時に、僕はラジオの電話ゲストっていうか、いろんなラジオ局に電話でプロモーションをやってですね、その時に「日比谷の野外音楽堂で新曲を絶対にやる！」っていうことをみんなに公約したわけです。

まあ、電話の向こうの方も、何を訊いていいかわかんないもんですから、やはりミュージシャンっていうことで「アルバムはいつ頃？」とか「コンサートはどんな内容なんですか？」っていう内容が中心になってくるわけですよ。

でも、何しろこっちは話すことがないもんですから、「自分たちはこうやってやっていきますから、みなさんコンサートに来てください！」ないしは「レコードを楽しみにしてください！」と。

それと同時に、「僕たちは7月になったらアルバムのレコーディングをします！」って公約もしたんですけども、まだ1曲もできてなかったんですよ(笑)。

中国に行ってる時も、「帰りたくないなあ、嫌だなあ、レコーディングするって公約しちゃってるけど、1曲もできてないからどうなんだろう?」と。

それで日本に帰ってきましてね、昔の自分のいろんな曲のテープなんかを聴いたり、家にある分だけの人のCDなんかも聴いたりとかして、何とかレコーディングに持ってこうという気持ちにしたりしてましてね。

その中で――これ、すごく細かい話なんですけど――テレコっていうんですかね、多重録音の機械みたいなのがありまして。要するに、いろんなものが重ねて録れるわけなんですよ。たとえば、ギターを録って、歌を入れて、それからドラム入れて、っていうのが、自分でできるんですよ。

僕はそれが、こんなに簡単にできるっていうのは知らなかったもんですから、石君に手伝ってもらいながら、ふたりで部屋の中でそういうことをやりましてね……2週間ぐらいやってたかな?

今までだと、リハーサルを重ねて、バンドのコミュニケーションを取りながらやってたんですが、今回は――何しろ7月にはレコーディングをやんなきゃいけないんで、時間がないっていうことが第一にあったし、時間をかけてやるのもどうかなあと。

僕は、次のアルバムはある種『東京の空』の延長だと位置づけてましてね。っていうのは、非常にストレートに自分の気持ちを出してもいいんじゃないかと。

要するに、『東京の空』っていうのは、アレンジを僕なりにチャレンジしてやったものなんですよ。僕が部屋で作ってる時点でのアレンジが重要で、それをたとえば「トミ、ドラムこうやって叩いてよ」とか「成ちゃん、ここのフレーズこういう風にやって」っていう感じでやってたんです。

それを今回は、機械を使って、僕が家でやっちゃったんですね。

もしかしたら、それは誰でもやってることなのかもしれないけど、僕の中ではようやく辿り着いたわけなんです。だから、今回は家ん中で自分ひとりでギターを入れて、歌を入れて、ドラムを入れて、デモテープみたいなものを作っちゃったんですね。

まあでも、僕は『東京の空』の後に『ココロに花を』『明日に向かって走れ』っていうアルバムを作ってるんですけども——それはやっぱり、レコード会社との契約が切れると、「4人でもう一回やり直すんだ!」っていう気持ちの高ぶりみたいなのがありますから。「何が何でもバンドだ!」っていうところの一体感がまた生まれるんです。

だから、『東京の空』での凝った曲作りをやらないで、もう一回バンドで、一からやり直しちゃったの。『ココロに花を』と『明日に向かって走れ』は、「またバンドで!」っていうところの出発点だったんですね。ある意味「戻った」んです。勢い的にも精神的にも。

何しろ〝悲しみの果て〟とか〝かけだす男〟等々は、下北沢のライブハウスに来てくれたファンのみんなの前でまず演奏してた曲ですから、それが基調にあるんです。だから、

1stアルバム（『THE ELEPHANT KASHIMASHI』）の〝ファイティングマン〟をライブハウスでやってたのと、ある種一緒の方式での『ココロに花を』という――要するに、根本に返ったわけなんです。

で、それが2枚続きましたから、僕の中で『明日に向かって走れ』っていうのは――非常にいいアルバムなんだけれども、実は作ってる時点から足踏み状態だなあと。

っていうのは、佐久間さんのアレンジは、今までの僕らのやり方とは全然違ったから、最初は非常にインパクトがあったわけですけども、それがひとつ慣れて、その延長線上での『明日に向かって走れ』の作業に入ったわけなんですよね。

もちろんそれは、自分たちの中で自信のあるものとしてできあがってるんですけども、方法としては――たとえば『ココロに花を』は、すごくバンドとしてのエネルギーがスパークする偶然の要因――契約が切れたりとか、「何が何でもバンドでやってやろうぜ！」っていう4人の男たちのエネルギーが出てますからね。

ただ、それが一段落して、『明日に向かって走れ』になってみると……どうでしょう、そういった軽快なエネルギーのスパークぶりとはまた一歩、趣を異にして、ややエネルギーが足踏みしてるなって感じたんです。

要するに、またバンドでの繰り返しになってしまったんですね。

それは決して悪いことじゃないし、バンドなんだから当たり前なんですけど……たとえば、富士山辺りの風光明媚なところに4人で行って合宿して、「何しろライブの感じを出すんだ！」っていうことで繰り返し繰り返し朝から晩までリハーサルを続けたんですけれども、ちょっと息苦しさがあったんですね。

〝今宵の月のように〟っていう曲は――もちろんバンドの演奏が入ってますけど、作ってる時点から、まず「ドラマの主題歌だ」っていうことが第一にあって。それからプロデューサーと、ドラマのストーリーっていうものを頭に思い描きながらの作業でした。それは非常にヒントをもらってるんです。

なおかつ、アレンジっていう部分においても――レコーディングまで1週間しか時間なかったですから、まず僕は曲を作って、詞を作って、それでレコーディングの場においては佐久間さんとふたりきりでアレンジを考えて――ドラムパターン、ベースのライン、バッキングギター、つまりまったくバンドのリハーサルをしないで、レコーディングの当日にその場でやったものなんです。そこにもひとつヒントがありますね。

要するに、レコーディングにおいては、そんなに根詰めてリハーサルをしなくても、ある程度きちっとした方向さえ示されていれば、バンドのみんながそれを嫌だと思わなければ、むしろ迷わせないで済むんじゃないかっていう。前進への大ヒントなんですよ。

だから僕は、ドラマのプロデューサーや、ヒントをくれた佐久間さんに感謝して――感謝っていうかですね、曲を作って、それができたっていうことは、非常にいろんな人のエネルギーをもらってるんだと。

で、〝はじまりは今〟っていうシングルも、「この曲は土方（隆行）さんのアコースティックサウンドで」っていうことを僕は思いまして。今までだったら「プロデューサーなんか要らねえよ、バンドのエネルギーでやっていくんだ！」って変に固執してたんですけど――バンドのエネルギーっていうのは非常に奇跡を生みますからね。

でも、そういうのが生めない時期に関しては、「アコースティックなものでやるぞ！」っていう……そういうひとつの事件として〝はじまりは今〟があると。まあ、あの時はちょうど引っ越しなんかもしまして、自分の気分も浮かれてたっていうか、楽しい時期だったんですけどね。

それで、たぶんそのままの延長で、僕はわざとリハーサルをしないで――実はバンドのメンバーはリハーサルしてたんですけど、僕はもうリハーサルに行かないで中国に行っちゃったりとかして（笑）。

で、思うままに1週間ぐらいで20何曲か、バーッと作っちゃったんですね。全部、僕ひとりのデモテープの形で。

それでそのまま、ほとんどリハーサルなしで、レコーディングに突入しました。やっぱり、自分としては非常に新鮮な驚きだったです。要するに、自分の中で奔放な気持ちで曲ができれば、それが一番なんです。

《君はネコで俺は嘘つき》とか《どうしようもないのかい？／どんなに愛してても》《今なら僕は言える／君のこと愛してると》っていうのは……もう僕も32歳ですからねえ。まあ、僕は4枚目（『生活』）ぐらいの時に《「お前に女は必要か？」「ペットのようなら飼ってもいい。」》（〝遁生〟）って歌ってました。だから、ひとりを愛しているとか、結婚だとか、そんなの嘘つきだ、不潔だと思ってた俺がいたわけ。

当時まだ22～23歳の頃だから、「結婚したって浮気はするし、それに他にも素敵な人はいっぱいいるのに、なんでひとりを選ぶの？　だったら結婚なんかしないで、悟りを開いて山に籠る方が正しいんじゃないか？」って思ったわけ。

ところが、そんなのは全然不潔でも何でもなかったし、結婚っていうのは男としてすっごい責任の取り方をしてるからね。むしろ立派、っていう風に思うようになったの。それがカッコいいことだって思えるようになったからなんです。

「そうか！　自由なんだから、もしかすると結婚しても彼女がいたっていいのかな」とか「嫌になったら離婚すればいいのかな」、そう思ったの。むしろストレートなんです。だから……もっと奔放でもっとストレートになれるといいですねえ。

実はこれ、自分の家で作ってる時に、「これはシングルがいいかな」って思っていた曲なんですけども……どこかしら、ちょっと調子が重たいんですよ。

それで、《夢のかけら僕らは／いつまでも追いかけるのさ》っていうサビがすごく綺麗なんで、「これを最初にしちゃえばいいのかな」って思ったわけなんです。

で、佐久間さんに「今の時点で、僕はシングルにしたいという風に思ってるんですけども、ちょっと重たいんで、何とかこれをアレンジの方までお願いできないでしょうか?」とお願いしたわけなんです。

たとえば最初の、歌が二声になってる部分は、僕はまったく考えてなかったんですね。そしたら佐久間さんが「ここにちょっとコーラスを入れてみると良くなるかなあ」「佐久間さん、ザ・ピーナッツみたいにならないですかねえ」とか、そんな会話がありながら。やっぱり、曲が行き詰まった時に、誰かにアドバイスを仰ぐっていうのはね、これはひとつのヒントになるんです。自分では行けなかった部分の扉を開いてもらうっていうか。

だから、構成に関しても、二声に関しても、ストリングスなんかも、佐久間さんが言ってくれたわけですよね。そういった意味で今回のレコーディングは、バンドのメンバーとのリハーサルがなかった分、佐久間さんがレコーディングにおける相談役だったんですよね。「佐久間さん、どうでしょうか?」っていう中でやったと。

佐久間さんは、決して方向性を考えないのよ。それがあの人の特徴なの。要するに、僕らの方向性ありきで、それに佐久間さんの特徴を加味していくっていうかね、パワーアップさせていく方式だと思います。だから、バンドのプロデューサーなんです。

やっぱり、奔放にやるのが一番いいんですよ。

つまり、自分にある種の自信を持ってて——たとえば、僕は声がいい、書く曲もいい、じゃあ今まで俺がやってないことってどういうことだろう？ってまず考えるわけです。

そして、さっきのテレコの話じゃないですけど、たとえば打ち込みのマシーンで——こうやって手でドラムができるんですけど、そうやって形にできるんですけど、僕はレコーディング現場においてのそういったノウハウがないわけなんです。

それで、佐久間さんにその辺のところを——たとえば「今回はドラムを打ち込みにしたいんです」って正直に言って。もちろんバンドのメンバーにも言います。

そう、今回はデモテープだけじゃなくて、本番もドラムは打ち込みなんです。

今回「打ち込みにする」っていうのは、僕の中では当たり前のことだったんです。絶対に打ち込みにしなきゃダメだった。

っていうのは、より自分がストレートに出せるからなんです。

たとえばね、〝颪に吹かれて〟は確かに素晴らしい、しかもバンドの優しさとかこれ嫌味でも何でもなくてほんとの意味での——素晴らしさがすごく出てるし。

それに、たとえばこの前、レコーディングがある程度終わった後に、〝孤独な旅人〟とか〝颪に吹かれて〟っていう曲を聴いてもね、全然遜色がなかったよ。打ち込みとの差もそんなになかったし。

ただ、部屋の中で打ち込みをやった時に「こうやってできるんだ！」って僕は驚いたわけです。しかも、むしろ自分の歌に忠実だったんです。

バンドってもともと、仲間が集まってライブをやってるんだから、そのライブを生かすためのレコーディングっていうものがあるわけなんですよ。たとえば僕たちは、初期においては一発録りでやってたけど、エネルギーの結晶としてのアルバムだったら、ひとつそういう方向性があるんです。

ところが、非常に短期間に新曲を次々と入れていかなきゃいけない、っていうところに加えて、僕の思考っていうか、「もっとポップにしたい！」っていう個人的な気持ちがあったんで。それを佐久間さんに説明して、みんなにも説明したんですね。「打ち込みでやりたい曲も何曲かあるんだけれども、どうですか？」と。まあ、佐久間さんは「はあ〜」っつって驚いてましたけど。そういうことなんです。

それで佐久間さんに「僕はそういったノウハウがないから、よろしくお願いします！」ってぶっちゃけて言いました。だから、「ポップにされて云々」っていうんじゃなくて、ポップっていうよりは「奔放に行きたい」と。で、奔放に行くことはすごくポップなわけですよ。まあ、それは世に問うて売れれば、きっと確認できることなんですけど。

みんなエネルギーが好きなんだから、バンドでやればすごいエネルギーが出るんだったら、僕はバンドでやるし。

ただ、向こうに届きにくいものであるなら——実際〝今宵の月のように〟はバンドでアレンジしたんでもない、佐久間さんと僕でやったもので。挙げ句に、僕がもともとアコギ弾いてたんだけど、土方さんの方が僕よりギターが上手いということで、佐久間さんがプロデューサーであるにもかかわらず「ギターは土方さんでいいですか?」っていうこともお願いしたし。

でも、それを「バンドの演奏じゃないじゃないか」とは誰も言わない。事実〝今宵の月のように〟はライブにおいてきちんとバンドのメンバーでやってるし。

つまり僕はシンガーであり、作曲家であり、作詞家だったんです。それ以外の作業はある種、レコーディングっていう作業に直結した現場の監督である佐久間さんに任せた部分が非常に多くなってきて……だから、それの延長だっていうことなんですよね。

最近、「僕はきっと偉いんだ!」っていう風に思ったんです(笑)。

つまり、「僕の歌は絶対にいいんだ!」と。

僕はもう、何しろ最初から「ポップな音楽をやりたい!」と——ロックとかって、僕はわかんなかったんですよ。むしろ、僕がやりたかったのはこういう方向なんですよ。要するに、奔放にやりたいんですよ。

ところが、奔放にやるっていうのはこれ難しいことなんですよ。

たとえば、1stアルバムでは僕たち、レコーディングが嬉しくて嬉しくてしょうがなくて、ダーッと一発録りでしたよ。だけど、そういったものは……実は嫌だったなあ。若さのエネルギーって誰でも持ってるからさ、それじゃないところで勝負したかったもん。

だから、曲の良さよりもそういったところが注目されたのは——それは何が悪いってもんじゃなくて、単にボタンの掛け違いで、なんか活動がわかりにくかったりしたと思うんですよ。だけど僕は、「絶対にストレートで優しい歌をやりたい！」とかさ、みんなが「何言ってんの？」って思うようなことを言い続けてると思う。まったく一貫してる。

まあ、自分でわからないところはたくさんあったよ。山崎さんなんかは「頑固なラーメン屋のオヤジよりも、カップヌードルを作る方が絶対カッコいいんだ」とか盛んに言うから、「このおっさん何言ってんだ？」って僕は言ってたじゃない？　だけど、たぶん僕も同じものを目指してたのは事実だと思うんだ。だって、優しい歌作りたかったもん！　みんな、『風に吹かれて』読んでごらんなさい。初期において僕は「いっぱい売れたいんだ」とか言ってると思うんだよ。

まあ、僕は「『東京の空』でそういった方向に行き始めたのかな？」って実は思ってたんだけども、『ココロに花を』でまた違った形でエネルギーが出たんですよね。だから、ちょっと『ココロに花を』と今回は違うんだな。

『ココロに花を』は、ポップにしたかったんだけども、ポップになった音を聴いて憤りを覚えたでしょ？　今回はもっと積極的なんだね、きっとね。

だから、本当に僕は「世に問いたい」っていう気持ちでいっぱいです、今回のシングルは。誰でも存在を確認したいじゃないですか、「俺は絵描きだ！」「俺は建築家だ！」「俺はサラリーマンだ！」って。それと一緒だと思いますよ。

要するに、僕はミュージシャンになって、ポップミュージックの分野にいるんだから、「そりゃあレコード売りたいのは当たり前だ！」っていうこと。自分に自信を持って「俺は歌が上手い、いい曲作る、カッコいいんだ！」って思えば何だってやるさ。

だけど、そんな上手くは行かないよ？　だから、もし仮にファンの人が「ポップになって薄くなってる」とか言ってたとしても、不幸な人としか思えない。

でもたぶん、その人はきっとそんなこと思ってないんだよ。ただ、ちょっと上手く行かないから寂しいだけなんだって。だから、僕は答えようがないんですよ。

そりゃあもう、「いい音楽が作りたいんだ！」が一番に決まってるじゃないですか！「曲が良くなかったら、僕はどの面下げて歩けばいいんだよ！」ってところがありますよね。こんなに優れた才能を持ってる男が、いい曲作れなきゃ、生きてる意味がないですよ。勝たなきゃ！

だって、〝今宵の月のように〟いいじゃん。自分で涙出ちゃうぜ？《くだらねえとつぶやいて》って言いたくならない？　夕暮れ過ぎた時に街中歩いてても、彼女のこと思い出すぜ？　ねえ？　だから、「薄くなってる」なんて言う人なんていないよ。俺は関係ないと思うなあ。平気だよ。

そりゃあ、もっといい曲を作れば、普通にみんな聴くよ。だって俺たち、まだ存在が中途半端じゃん？　だから、「魂売った」ぐらいの方が――まあ「もともと売る魂なんかないよ！」っていうのはありますけど(笑)。

ただ、〝デーデ〟っていう歌を歌ってると、「あ、この人は自分がそう思ってるから文句言ってんだな」って思いますね。だから、野心を持ってたりとか「偉くなりたい！」って思ってることとって、カッコ悪いことだと思ってたけど、実はすごくカッコいいことなんだよ。当たり前すぎちゃって言うのもバカバカしいけどさ。

「金持ちになりたい！」とか「いい歌を作りたい！」とか「有名になりたい！」とか「スターになりたい！」とかさ、やっぱり「存在を示したい！」っていうことで生きてるわけですから。

だから今やるとね、〝デーデ〟は逆の意味でいいですよ。全然カッコいいよ。〝珍奇男〟だってさ、俺は歌の中で言われてるその人なんだもん。だから「それはすごく汚いものなんだ！」って僕は思ってたんだけど、全然そんなのは当たり前のことだしさ。「友達なんか要らないや、金がありゃいいんだ！」と思うしさ——またそんなこと言っちゃうとマズいかな？(笑)。

誤解を招くかもしんないけど、それは当たり前ですよ。それプラス、自分が有名だったりとかさ、レコード買ってくれてるんだっていうとこで結びついてるんだもん。「ああ、誰か聴いてくれてるんだ！」っていうのがないとさ。そういうもんだもんなあ、きっと。

まあでも、昔から同じこと言ってますけど、今回のシングルほど割り切れてはいなかったと思うんですよね。それは何でしょうね？　……中国に行ったのが良かったんですかね？(笑)。わかんないですけどね。

ちょっと前にはウォークマン投げたりしてましたからねえ。あの時はねえ、彼女に聴かせて「どう？　どう？」っつったら「なんか軽く歌ってる」とか言われちゃってさあ……そういうのが裏話としてあるんですけど(笑)。だから、ひとりで聴いて叩きつけたわけじゃないんですよ。それはやっぱり、僕たちの音楽のことがすごく好きだからびっくりしたっていうことなんじゃないの？　まあ、それほどびっくりすることでもなかったけどね。

とはいえ、それだけ反応したっていうことは、もしかしたら自分でも薄々「これでいいのか？」って思ってたのかもしれないですね。だから、毎日メンバーに訊いて――「成ちゃん、どう思う？　軽薄な感じしないかなあ？」って。「いやあ、ミヤジに言われるとなあ」って成ちゃんも言ってたけど(笑)。

でも、方向性はもう絶対こっちです！

僕がさっきから「奔放に」「奔放に」って言ってるのは、要するに「好きなようにやるのが一番いいなあ！」っていう風に思ったっていうことで。

それはもちろん、「人を傷つけない」とか「信号は守らなきゃいけない」とか――そういう非常に常識的な部分での人間としての義務を果たしていれば、ミュージシャンとしての僕は奔放だったりとか――B'zは奔放なんだって！　好むと好まざるとにかかわらず。

たとえば、SPEEDが人気があるのは、あれは自由だからなんですよ。伸び伸びしてるんだよ、エネルギッシュなんだよ！　みんな、これ「オヤジが言ってる」っていう風に取らないでよ？　ほんとにそうなんだよ、何だって。

たとえば、僕が永井荷風が好きなのは、あの人はワガママですごく奔放なんですよ。なんで60歳とか70歳になってもワガママで奔放かっつったら、それは小説家としてすごく世間と強く繋がってるからなんですよ。「僕は売れてる小説家だ」「慶應義塾大学の先生だったんだ」「僕は偉いんだ」「なおかつ親父が残してくれた資産があるんだ」——つまり、誰に媚びを売らなくても、大きな雑誌会社の人と喧嘩しても、自分は全然平気な立場に身を置いて、それからの行動なんですよ。

おじさんだろうが若者だろうがさ、ワガママに生きてる人ってカッコいいんだって。たとえば、江戸幕府を倒した薩摩・長州の人もね——僕は徳川幕府の文化が好きだからそれは言いたくないけども——江戸300年の歴史の中で「田舎武士」って言われてた奴が「よっしゃ、いつか徳川幕府ぶっ殺してやる！」っつってさ、最後にドーンと天皇陛下を利用して明治新政府を作った、そんな成り上がり根性って——当時江戸に住んでた東京人はそりゃ気に入らなかったかもしれないけど、むしろ男としては買うべきじゃないですかね。

好きか嫌いかは別として「俺はいつか勝つ！」っていう野心っていうのは、当然のことだと思う。だから、本当にそういう意味では変わったんですよ。っていうのは、今は守られてないいんだもん。

昔は両親と一緒に住んでたわけだし——まあ今だって両親生きてるけどさ。でも今、僕、誰にも守られてる気しないもん。いや、もしかすると誰かが守ってくれてるのかもしれないけど、僕はいい曲を作って、曲で勝負するしかないもん！

それだったら、あとはどうなったっていいよ、極端に言っちゃうと。だけど、それはもう深層心理っていうか……そこまでは表面的に考えて曲は作ってないですけど。だから、本当は言いたくありません！　最後にしてください。もっと売れてからお願いします(笑)。

そりゃあ変わったさ！　当たり前だよ。だって、女の人なんてひとりじゃなくたって、いくらだって好きになれる、ってことも僕は最近わかったしさ。性の本能ですよ、本能！　理由のつけようがないじゃん？　「なんで生きてるの？」って言われてるのと一緒なんだもん、それは。だから言いたくないんですよ。

今はむしろ、その「いい曲を出すしかない！」っていうところに、さらに追い詰められてるような気がするんですよね。僕が「いい曲」って何度も言ってるのって、その絶望の裏返しなのかもしれないなあって思うんですよ。

でも、みんなそうだよ？　普通『吾輩は猫である』書かねえぞ？——まあ、夏目漱石のことはピンと来ないかもしれないけど、40面下げたオヤジがさ、猫を観察してグチグチグチずっと愚痴ってんだぜ!?　やっぱり、その人だって絶望してますよ。

だからこそ、自己主張はしたいじゃない？　まあ、絶望っつったって、僕の絶望なんて大したもんじゃないよ？　だからもっと絶望したいよ。もっと傷つきたいよ、僕は。

僕は甘ったれだから、もっと悲しい思いをしたいです。どうせ一歩踏み込んじゃったんだったら……そりゃあ、何にも傷つかないで生きていけたら一番素敵だよね。だけど、ポップミュージックをやってるんだったら、悲しい思いも嬉しい思いも、いっぱいしなきゃいけないんだよね。やんなきゃダメなのよ、本当に。もう、全然ダメ。話になんないです……僕、ようやく一人前になれましたよ。


もちろん僕は、実は天才だと思ってます。そりゃあ「絶対にすごいんだ！」って思ってるし、「実は世界にこんなバンドないんじゃないか？」って思ってるから。

ただ……どうなんですか？　インタビューって、普段話してることのどこまで言えばいいの？　だって、みんなに対して逆にわかりづらくなっちゃうことじゃん。

たとえば、3ヶ月間一緒に合宿生活してさ、俺が急須を磨いてるところとか、全部見てからだったらわかるかもしんないけど……やっぱり音楽の話は中国の話より圧倒的に重いね。当たり前ですよね、だって職業だもん。そりゃあ真面目にやってるよね(笑)。急須こそ余技だったねえ。

要するに、急須なんて額縁なんだよね。「金を持ってる」とか「ポルシェを持ってる」とか、それってほんとは全然関係ないじゃん。だから、婦人雑誌に出ようがテレビに出ようがさ、「だけど俺はやってんだ！　最高のことやってんだぜ？　どうだ！」っていう。

それがあってこその「ほら、こんなにいい急須を持ってるんだぜ、浮世絵も持ってるんだぜ」っていうことなわけでさ。

俺、今は健康じゃん？　公団の3階の、セミが鳴いてる、エアコンのないところよりはさ、綺麗なマンションに引っ越したら、やっぱり気分良かったよ。そんな汚い家より、綺麗な方がいいよ！

昔、「潔癖症的ラジカリズム」っていう山崎さん特有のコピーで言われたけどさ——それが邪魔してたのよ。だから、頭脳は夏目漱石でさ、日本家屋に中華机があってさ、漢文も英語もフランス語もスペイン語も全部話せてさ、それで身長が175センチで東大出身だったらいいけど、そんな奴いねえじゃん！（笑）。それにようやく気づいたんじゃないの？だけど、音楽っていうのは……要するにここ、頭の中にあるっていうかさ。

昔、僕はプリンスの音楽を聴いて、「こんなのメルヘンだよ、リアルじゃないよ！」って言ったことがあるんだけど。僕はこのシングルは全部メルヘンだと思う。

メルヘンでいいんですよ、すごく美しいメルヘンであればね——まあ、僕がそこまで到達してるかどうかは別として、だけどそういう気持ちで作ってるんです。メルヘンで美しい思いをさせるのが、僕たち音楽家の役割じゃない？

だから、そのメルヘンを作るには……きっとそこまで悲しくないとできないとは思う。まあ、僕がそれほど悲しいかどうかは別として、だけどきっと、僕なりに悲しかったことがいくつかあったのかもしれない。そんな「僕は悲しかった」なんて、男が言うことじゃないかもしれないけど……でもその反面で、それこそメルヘンの世界に憧れを持たないとさ、希望なんか出てこないよね。

みんなが「宮本がワガママで嫌だ」って言わない限りは、僕はバンドがやりたい
――1998年12月9日、アルバム『愛と夢』リリース

今回の『愛と夢』っていうアルバム、ボーカルで僕が叫んでないのは……まあ、たぶん何にも考えてなかったんですけども。

基本的には今回、部屋の中で曲を作りました。

いや、何しろもう今までは、アルバム作る前になると、バンドでリハーサルしてリハーサルしてリハーサルして……っつって、もう修行のように我々はやってたんですよ。で、1週間丸々リハーサルした上に、富士山の方に合宿にまで行ったりとかして。2泊3日、3泊4日、顔突き合わせて4人でリハーサルっていう部分でひとつのアルバムを作り上げてたんですけど。そうするとやっぱり、バンドなりの歌い方になっていくんですね。バンドの音がドーンと出ると、それに負けないように声も出していくし。

でも今回、まったくリハーサルをやらなかったんですよ。

そうしてみると……別にあんまり特に意識して「怒鳴るのはやめよう、怒鳴るのはやめよう」っていう風に思ってはいなかったんですけど。ただ、大雑把にシンプルに、素直に、

みたいな(笑)、自然とそんな風になっていくようなところがあったもんですから。

曲作りのやり方も変わりましたね。

今までは、デモテープはバンドで詰めて作ってたんですよ。メロディは家で歌ってたんですけど、それをバンドでやると。すごいデカい声で歌って、それをデモテープっていう風にして作ってたんですね。

だけど、今回はまるっきり家で——テープレコーダーっていうんですかね？　ＭＴＲ？　わかんないですけど、そういうのでギターを入れましてね。それも本当に、ある種いい加減にバーッと弾いたものに、本当にいい加減にメロディをつけていって。

そこに、機械でドラムがツツタッ、ツツタッ、って入るんですけど。それを家でこう、ズズチャッ、ズズチャッって全部音源で入れていって——あれ、いいもんですねえ(笑)。要するにスネアもハイハットも、バスドラも全部手でできるんですよ。

自分がやってる演奏に対してのドラムなもんだから、非常にスムーズにデモテープが、僕ひとりでできたんですよ。

そうやって大雑把なアレンジまではひとりで全部やって、商品というか、みんなに聴かせるものができる・できないは別として、ひとつの作品みたいになっていく——っていう風な作り方をしてましたね。

部屋でやりますとね、これは本当に気楽なんですよ、ある意味で。

何にも考えないで、とりあえず俺が作っちゃえばいいんだから、みたいな。いい悪いは別として、曲だけを考えることができる。自分の部屋の作業っていうことで、生活感っていうか、いい意味のストレートさみたいなものが、結果的に曲に生まれたし。歌い方もそうだし。

部屋で歌ってる時も、前は……あの、布団を2枚ぐらい被りましてね、家の中で。それで歌を歌ったりとかしてたんですけど(笑)。だから結構、大声で叫びながら歌ってたんですよ。団地だったもんですから、周りに響いちゃいけないなあとか、あんまり人に迷惑かけちゃいけないなと思って、布団被って。

それに比べると、今のやり方は――別に技を使ったっていうわけではないですけど、もうちょっと素直な次元っていうか。やっぱりその、今までの蓄積があった上での、今の自分の原型っていうか、そういうものが出ていて。非常にやりやすい方法でした。


やっぱりデビュー当初と比べると、僕が作る曲の文体はかなり変わってるんでしょうかねえ？　それはまあ、レコード会社との契約がなくなったり、レコードが売れるようになったり、っていうターニングポイントを経てっていうことだと思うんですけど。

昔の曲にあったような、攻撃的でもあり防御的でもあり、みたいなあの感じは……でもまあ、今でも僕はやっぱり、ヒステリックにね、急に怒鳴っちゃったりとかしてますね。

後からものすごく後悔して、怒った後に「ごめんね」とかって謝っちゃったりして、自分でも嫌だなっていうところはあるんですけど、性格的に。

ただ、そういうところは、確かに防御っていうか、何か非常に慎重で、何か臆病っていうようなところがありましてね。今でもたぶんそうだと思うんですけど、別になくなっちゃいないんですけど——ある種、非常に恐ろしいと言いますかね。それが非常に極端に出てたのはなんでなんでしょうねえ?

やっぱり、小っちゃい頃いじめられてた、っていうのがデカいんでしょうね。

たとえば小学校の時に、家の前でみんなが缶蹴りやってて、僕はひとりで家にいたっていうこともありましたけど。ただ、そうなるってことは、やっぱりちょっとワガママで、ちょっとヒステリックなね、鼻につくところがある子供だったからだと思うんですよ。

ということは——自分はもともとそうなんだけど、経験上、そうやって社会っていうのを一番感じたのは、小学校の時に嫌われたっていう部分で。それを防御するために、だんだん「どうすればいいのか」っていうのを探してたんでしょうね。

だから、他人との距離感をどう掴んでいいのかわからなくて、今でも変な敬語使っちゃったりして「なんか慇懃無礼じゃないかお前」みたいなことを言われたりもするんですけどもね(笑)。まあ、その辺は今だに引きずってる部分はあると思うんです。ただ、多かれ少なかれ、みんなそうでしょ? 距離感っていう部分では。

そういうところが、以前は曲とか歌詞とか、歌い方にも出てたんだと思いますね。お客さんとの距離の取り方がわかんなかった、っていうことなんじゃないかと。

あとはやっぱり、非常に傑作意識、純粋志向っていうんですかね。そういうものが、音楽とかにも直接出ちゃってたんで。あんまりにもこう、神経質なくらい「厳格に聴け！」みたいなところがあったと思います、自分の作品に対して。まあ、それは全部つながってくるんでしょうけどね、本人に。

音楽に対しても、妄想に近いぐらいにね、ある種の誇大なものを自分ひとりの中では抱えてたんだけど……ただ、非常に甘ったれてる部分もありましてね。「自分は守られてる」みたいな意識もあって。向こう側まで抜け出てないっていうか――これはかつての話ですけど――そういうところはあったと思います。

まあ確かに、契約が切れて、「俺たちレコード出せないぞ」ってなった時に、ある種のモードチェンジを要求されたっていう部分も、ひとつあったにはあったんですけど……『東京の空』っていう、エピック・ソニー（現・エピックレコードジャパン）との契約がなくなる直前に出したアルバムの頃に、僕らなりに何かひとつ掴んだところがあったんですね。そういう傑作意識もなくて、もう本当に自然に作ったものを、そのままアルバムにしちゃう、っていう。

アレンジなんかも、バンドに任せないでね、僕が思ってるアレンジをある程度やってもらう、みたいな素直な作り方っていうのを、僕らなりのレベルで『東京の空』でやってましてね。で、「よし！」っていう手応えがあったんですよ。曲を作るっていうことに関しては、修行が終わったんじゃないかなって。当時27ぐらいの時に、そんな風に思った瞬間があったぐらい、割とスコッとできた『東京の空』だったんですよ。

でも、その途端に契約が切れちゃったんですよ。

僕はレコーディング中に「契約が切れる」っていう話を聞いたんですけど、そのままレコーディングは進めたし。音楽を作るっていう部分での勢いはあったと思うんですよ。それが非常にプチッと切れたのがね、まさにいいきっかけになったっていうか。だから……モードチェンジっていうよりは、何か結果的につながっていったような感じっていうんですかね。それは、あの時にバンドが解散しなかった、みんながやめなかったっていうのが、ひとつ勢いづける大きな理由だったんですけど。それでその後、新しくレコード会社と契約して、セールスも動員も上がっていって、頑張った分だけ返ってくるっていう状態になって。

独りよがりで守って「なんだよちくしょう！　こんないいものを作ってんのに！」っていう風にひとりで黙ってるよりも、「俺はこういう人間で、みんなに届けたいんだよ」っていうのを出すと、それなりに……好むと好まざるとにかかわらず、それなりの反応をみんな返してくれるということはある種、学習した——って言っちゃうとあれですけど、感じたことは事実ですね。

売れ始めてから、テレビなんかのメディアにいっぱい出てましたけど……僕は小学校の時、学芸会で主役に立候補してやってましたからね。ＮＨＫの東京放送児童合唱団（現・ＮＨＫ東京児童合唱団）にも入ってましたし。

ある種、子役の閃きを、僕はもともと持ち合わせてたと思いますよ。

今はそうでもないですけど、当時はまあ、テレビとかでも時々暴走してましたねえ。でも、あの時はそういう「何かやってくれるんじゃないか？」っていうムードを、向こうの現場の方も出してくれてたし。

期待されると思わず応えたくなる、っていうのはあると思いますよ。たとえば電車の中で「歌ってくれ」って言われたら歌っちゃうかもしれないし――それはわかんないですけどね。「みんなちょっとブルーだからさ、宮本君、この車両で１曲歌ってよ！」って言われれば――まあ、僕の歌で盛り上がるかどうかはわかんないですけど(笑)。

昔、文化祭の時に、みんなに望まれて教室で歌を歌ってたら、逆にみんな白けちゃったっていう時がありましたけど。だから、暴走する時は非常にこう――親切にされると非常に調子に乗るんで、その辺で何かこう、後で「ああ、みんな冷静だったのに、僕だけすごくはしゃいじゃってたんだな」って気づいて、反省して落ち込むことはありますね。

今回のアルバムでデモテープの作り方を変えたっていうのは――「いい曲」っていう部分でもっと、今までやってないことをやろうと思って。

僕はいつも、テレビとかそういった場所に出ることもそうだったんですけど、何か一個「今までやってないこと」を新しくやんないと、やっぱりちょっと、退屈じゃないですけど、「刺激的に何かやりたいな」って思うところがあるんですよ。

『ココロに花を』と『明日に向かって走れ』っていうアルバムがですね、契約が切れたっていうところから、一発録りのドーンっていうアルバムで、またプロデューサーが入ってドーンっていう感じで良かったんですけど、非常にストレスも多くて。

ですから、『明日に向かって走れ』はある種、勢いの中でノリながらやったアルバムだったっていう反面、何か、曲を作るっていうことに関しては、僕は足踏みをしたっていう感じがあったんです。

だから、「新しい気持ちでもう一回やりたいな」っていうところが出てきまして、それで何か考えて「いろいろやろうかな」っていう風に思ったり、たとえば怒鳴らないで歌うっていうのもあったし。生活のレベルでっていうか、気楽に――気楽って言うとちょっと違うんですけど――歌おうと思ったりして。

たとえば僕はね、結婚とか結婚式って、すごいドラマだっていうことは小耳にはさんでましたけど、実際「そうなのかな?」って思ってました。ところが、自分だって振られた時にね、3分おきに彼女の家に「なんで僕のこと嫌いになったの？」って電話してたんですよ。たかが自分が振られただけでね、3日4日泣き続けてね、挙げ句に「どうしよう、僕は終わりだ」って。

それぐらい思い詰めるってことは——好きになったり嫌いになったりとか、契約切れて具合が悪くなっちゃったりとかっていう部分がね、実は非常にドラマチックな、ストレートな部分なんじゃないかなって。僕がやってなかった部分ってそこなのかなって。

当初、10代の若い時の、変に屈折した部分での青年期のストレートさっていうのもあったけれども、僕らが普通に感じてる、日常的なストレートっていうのはまだやってないのかなっていうところがあって、そこはひとつやってみたくなったんだと思います。

だから、まだまだ行けるぞっていう。「まだまだ」どころか、もっといい曲作るぞ！っていうかね。そんな想いではいるんですけど。

今回はずいぶん僕はたくさん作りましたよ。非常に楽しくて、2週間で30曲ぐらい作っちゃったんですよ。

7月にレコーディングだったんですけど、6月まで僕、1曲も曲できてなかったんですよ。で、6月の下旬の2週間で30曲ぐらい作りましたね。外にはあんまり偉そうに言わないために「20曲」って言ってるんですけど、実は30曲ぐらい作りましたね、これ。

すごいノってましたね。というかもう、気楽さで。「だって、自分でやればいいいんだもん」

みたいな。曲の作り方を変えたっていうことで、すっごい解放されました。もう楽しくて、自分の部屋でやってた時、3キロ太りました(笑)。楽しくて。レコーディングでまた2キロぐらい減ったと思いますけど。

ただ、「どんどんできて嬉しい！」っていう感じではあったんですけど、できた曲がいいのか悪いのかは僕、まったくわからなかったんです。要するに、バンドでリハーサルして「よし、ようやくできた！　ドドーン！」みたいな重みがないと、作ったたっていう実感がないんですよ。

部屋で作ってるから、僕がやってるだけだから、「これ、いいのかな、悪いのかな、だけど俺はすごく良く思えるけど、みんなはどうなんだろうな」みたいな。そういう手探りっていう部分はあったんですけど、結局楽しい作業ではありましたね。

もう、1曲作る時間40秒か？みたいな。それでもうできちゃって、歌を乗せちゃって、ズッズッ、ドン、ズッズッ、ドンみたいな感じでした、その時は。もう楽しくて、いくらでもやってました。

だって、昼の1時からずーっと——サッカーのワールドカップをちょうどやってたんですけど、夜中の3時50分まで10何時間ずーっとやってたりして。石君（石森敏行）にちょっと手伝ってもらったりはしたんですけど。それでもう、歌い方とか歌詞、メロディっていう部分で、間違いなくストレートになってるんで。たぶんみんなに非常に届く、そんなアルバムになってると思います。

極端なことを言ってしまうと、レコーディングなんか、僕の打ち込みの技術が上手くなっちゃえば、全部ひとりでやっちゃえるんですよね。別に、ライブをみんなでやりゃあいいわけだから。極端な話ですよ？　極端な話なんですけど、そういった部分で課題はたくさんあるんです、反省点としてね。難しいところ、一番悩んでるところなんですけど。たとえば契約が切れて「よし、またやろうぜ」っていう『ココロに花を』の前とか、1stアルバム（『THE ELEPHANT KASHIMASHI』）の頃のように「よし、4人でやっていくんだ」っていう時は、バンドの奇跡を生む、そんなエネルギーっていうものがドワーッと出てくるんですけどね。

ある種の安定感、達成感の中での作業になってくると、みんなが一生懸命もがいてても――僕もそうなんですけど――何かこう、自分を守る術を持ってるんですよね、我々も。

そうするとなかなか難しいなあっていう。

だけど僕は……バンドのメンバーはあれでいいと思うんですけど、技術的な部分での、レコーディング技術っていう部分でね、もうちょっと直接的に、僕がもっと直にやりたいことを実現できるような形式にしないとなあって思うんですよ。

世間的なバンドの勢いで、バンドでバーッと勝負することもできるんですよ。多少、演奏が悪かろうが何しようが、みんなノってますから。みんなも期待してくれてるとね、僕らも行けるんですよ。

でも、「やっぱりもっといい曲を」っていう風になってきてしまうと、ある程度、僕が全部やる方向に行かざるを得ないんですよ。

だから、僕が「ヒップホップそんなに嫌じゃない」って最近言いだしたのはね……あれは打ち込みだけど、それがある種、人間が叩くドラムとは違う、いいノリを見せてくれるじゃないですか。

僕の直な想い——メロディとか歌詞に実現されてるような直な想いはね、やっぱり演奏にも反映させなきゃいけないって思ったんですよね。

そういうところで、たとえばプロデューサーとして佐久間さんをひとり間に介するっていうこともね、ワンクッション置いちゃうっていう形になるんで。今回のレコーディング中、僕は本当に思い詰めましたね……まあ、今は「なるようになる」って思ってますけど。

僕は、ライブは絶対にバンドの方がカッコいいっていう風に思ってるんです。

ただ、単純にレコーディングっていう部分に関して、勢いがない時に「じゃあどうやってレコーディングをやるか」っていうその一点だけを考えた時に、僕は直にやるのが一番いいんじゃないかなって、今は思ってるんですよ。

いや、わかんないですよ、それはまた変わってくるかもしれないし。トミ、成ちゃん、石君も含めて、部屋の中でリハーサルをやったりっていうことはまだやってないんで。それはそれであるのかなっていう風に、今は思ってますけど。

レコーディング直後は、「どうして僕が家で作ったインチキデモテープの方がカッコいいんだろう?」「どうしてこんなに自然で、なんでこんなにカッコいいんだろう?」っていう風に僕は思ってたし。

今、この現状での精一杯の僕らのものっていうのは、このアルバムに表れてるし。また曲の良さ、メロディの良さっていうのは、十分ストレートに伝わるような作り方にはなってると思うし、歌詞も伝わりやすい形にはなっているんで。決して失敗ではないけど、次に行く時にどうしようかな?っていうところの悩みは持ってますね。

そういうバンドの現状について、メンバーと話し合いをしない分の鬱屈が、ライブで石君をいじるような、ああいう形になって出てきてるんだと思います。「もっとやれよ!」みたいな……良くないですねえ。

いや、あれはイジメじゃないと思うんですけど——励ましなんですかね? 本当はそれは言葉で言えばいいんですよね。でもあれも、客席からステージを見て、僕がひとりでやってるように見えたら嫌なんですよ。「ギタリストとツートップで行けるといいな」みたいな。でも、メンバーは僕に遠慮するから、歯痒いんじゃないですかね(笑)。

なんか、緊張感が一遍に薄れちゃう感じがするんですよ。それは僕が勝手に思ってることなのかわかんないですけど……だから、バンドのメンバーに対する僕の態度なんかも、陰湿じゃ決してないんだけれど、ちょっと空回りした感じになってるのかなあと。

ただねえ、僕は思うんですけど、直な感じで曲、メロディ、詞っていう部分がストレートに伝わっていく形さえ整っていれば、また勢いよくダーッと行く——そういうタイミングをじっと待つっっていうかね。

そういったものでまた盛り上がってくるっていうのを——人間のバイオリズムじゃないですけど、それを待つっていう方法もあるのかなって。種は蒔いたんだから、みたいな。それは人のせいにしてるんでも何でもなくて、成長してないとも僕は思わない。っていうのは、まったくリハーサルしないで、自分ひとりで全部やっちゃったんで、そういう部分ではみんなの寄ってくる隙もなかったし。

だから、それは全然問題のないことかなっていう風にも思うんですけど。ただ、それをどういう風に次にやっていくかっていうのは、これはまたひとつ課題として、あるにはあるんですよねえ。

まあ、だけど僕はすごい楽観していて。曲、また歌詞、メロディっていう部分で、またエレファントカシマシっていうものが非常にこう——ある種特殊だけれども、以前の特殊とは違う、同じだけどもうちょっとわかりやすくなってるかなって。それは良い悪いっていうより、反動の部分で。

僕らは1stアルバム、2ndアルバム（『THE ELEPHANT KASHIMASHI II』）ぐらいの勢いを少しずつ削ぎ落としながら、だんだんだんだん沈んでいった、っていう歴史を僕は感じてて。

自分も冷や冷やしながら、バンドに対する苛立ちっていうよりは、「どうしよう、せっかくここまで知名度を得たのに」「この沈んでいく感じをどうやって、どの辺の次元で止めるのかい?」みたいなね。そういう作業の方に頭が行ってたんですよね。

だから、これは決して悪いっていうわけじゃないですけど、僕の独りよがりの感じ――やや僕が浮いてる状況っていうのは、多少作られてることは事実だと思いますね。

バンドに対しての思い入れっていうか、非常にカッコいいと僕は思うんですけどね、バンドって。で、負担っていう部分ではね、みんな一緒だと思うんです。

たとえば僕がね、プロモーションとかやってる時は、みんなやっぱり落ち着かない気持ちでいるんじゃないかって僕は思います、成ちゃんを除けばね。石君もね、ある種「やっぱ宮本は頑張ってんな」みたいな。そうやって分担してると僕は思ってるんですけどね。やっぱりね、特にコンサートにおける「バンドの奇跡」っていうんですか? これをまた知ってるんですよ。1stアルバムにしろ、『ココロに花を』にしろ。

時折、僕ひとりじゃ絶対に実現できない、ある種の異常なエネルギーっていうものを、バンドは生む時があるんですよ。これは不思議なもんでね。

僕がいっくらいいメロディを作って、いい歌詞を作るよりも、そんな不思議なエネルギーの方が、みんなにとって、またもっとわかりやすい状況を生むっていうことはあるんじゃないかって気がするんですよ。僕の場合は特に。

ベックみたいに全部ひとりでできて、技術的にもクールなね、頭脳と技術を持ってる人はまた別でしょうけど。僕みたいに非常に感情的な、ヒステリックな部分を持ってる者にとって……みんなが「もう嫌だ、宮本がワガママで嫌だ」って言わない限りは、僕はバンドがやりたいですよね。まあ、ワガママを通すためにメンバーに気ぃ遣ってる、っていう部分もあるんですけど。

ただ、今回のアルバムに関しては、デモテープの方がはっきり言って良かったですね。こんなこと言っちゃマズいですけど(笑)。やっぱり、自分が作ったデモテープの温度っていうのは、実際にできあがったアルバムとはちょっと違うんですよね。

自分でドラムを入れていくっていうのは、自分の部屋のギターと歌に合うんですよね。当たり前なんですけど、タイミングが。そうするとやっぱり、すごくこう、熱気がもっとあるものになるんですよ。

いや、まあ、だけど非常にこのアルバムは……シンプルに、ストレートに、メロディ、曲、歌詞がみんなの胸に届いていく、そんなアルバムにはなってると思うんですよ。これはほんと、間違いなく！

だけど、次のアルバムでは、もうちょっと違う方法で作ってみてもいいかなって思いますね。ソングライターとしてのポテンシャルが上がったかどうかっていうのは別として、非常に新しい方向に僕は行けた、っていうのはひとつあるんですよ。

やっぱり勢いって不思議なもんで。僕らがこうやってグジュグジュ言ってるものを超えた何かがあるんですよ。

たとえば……〝今宵の月のように〟って最初は僕、非常に好きじゃない曲でしたから。それがみんなが「いい」って言ってくれたら、とても好きな曲になったんですよ。そういうことってあり得るんだなって思うし。

「曲が一番のチャンスを作る芽だ」っていう風に思えば、このアルバムは「届く」っていう部分では絶対に届くから、アルバムをきちっと出して、そこからまたひとつずつ曲を作っていくしかないですよね。

それがやれればまた、僕はもっとスキルアップしていくっていうか。みんなも生きてるし、4人ともいろんなことを感じてるから。僕らがもがくっていうよりは、自然とそういうことになっていくのかなっていう気はするんですけどね。

引っ越して、中国にも行って……次は僕、どうしようかな？　バンジージャンプでもしてみて、ちょっとこう、空中の感じで刺激を受けてみようかな？（笑）。あるいは、モンゴルの満天の星空でも仰いでこようかな？　みんなよく「感動する」って言うんで。

対談

宮本浩次×草野マサムネ（スピッツ）

宮本「300万枚売れるとは思ってません。ただ、もうちょっとは行けるんですね」
草野「ファンとして、エレカシがオリコンに入る時代を予測してなかった」

対談 草野マサムネ（スピッツ）×宮本浩次（エレファントカシマシ）

司会＝渋谷陽一

――新春スペシャル号ということで、『明星』とかそういうノリで、アイドルふたりのツーショットという――。
宮本浩次「アイドル、はあ」
草野マサムネ「(笑)」
――アイドルじゃん。
宮本「そうすか、はい。草野さんは別として」
――君もそうだよ。
宮本「そうですか、はい」
――(笑)そういうノリで行きたいと思いますけども。ただ、おふたりって以前にも対談したことがあるらしいけど、その時はふたりとも盛り上がったんですか。

草野「もう、盛り上がりましたね(笑)」
宮本「しかし今日はですね、どう考えても渋谷（陽一／ロッキング・オン代表取締役）さんがですね、草野さんと話すのが恥ずかしいから間に俺がひとり立ってるって、僕はそんな気がするんですけど、そんなことないですか？」
——(笑)そんなことないって。
宮本「ちょっとお痩せになったですかね？」
草野「いや、最近太ってます。髪切ったからちょっと痩せて見えるのかもしれない」
宮本「ああ、そうですか。いや、僕はその時にですね、草野さんの印象がですね、非常になんか、ガッチリしていらっしゃる方だと——思ったよりね？」
——意外だったと。
宮本「ええ、九州男児でいらっしゃるし、そういうガッチリした感じが非常に印象的だったですね、当時」
——マサムネ君から見て、宮本君の印象はどうだったんですか、その時は。
草野「いい人だなと」
——(笑)。どういう風にですか？
草野「いろんな噂を聞くので」
——どんな噂ですか。
草野「ラジオで暴言を吐いたとか、なんかそういういろいろな、『ああ、俺にはできない』

っていうようなのを聞いてたんで、なんか嫌われちゃったらどうしようっていうのがあったんだけど（笑）。まあなんか、噂に過ぎないのかなという（笑）」

宮本「人の好いオヤジですからねえ」

――そんなことはないです（笑）。実際にカメラマン殴ったりとか、基本的に伝説の半分以上は真実です、宮本君に関しては。

草野「そうなんですか」

――だから、きっと草野さんには気を遣ったんじゃないですかね。

宮本「そうっすかねえ、普通にしてると僕、普通なんですよ。ねえ？　だけど僕やっぱり〝涙がキラリ☆〟は好きですよ」

一同「（爆笑）」

草野「（笑）ありがとうございます」

――もともと草野さんはエレカシはずっと聴いていたわけですよね。

草野「2nd（『THE ELEPHANT KASHIMASHI II』）からですね。2ndの頃に聴いて、それで1st（『THE ELEPHANT KASHIMASHI』）を買って。それから出るたびに聴いてたんですけども。（日比谷）野音に観に行ったりとか」

――野音観に来てくれてるわけですか。よかったですね。

宮本「いや……まあ……まあただですね、ある種我々は非常に極端なことをやりますから
――別に意図してやってるわけじゃないんですけれども――たとえば『奴隷天国』とかに

しろですね、非常にハードコアな、ある種そういう、異常に説得力のある上に、よりヘビーなサウンド、それも説得力がありますから」

——はい、わかっています。

宮本「要するに、売れる売れないっていうことは別としてですね、ある種音楽をやってる人々が、自分のものとはまた違うものとしてある種そういう見方をするっていう——」

草野「ああ」

宮本「まあだけど、売れてねえバンドに言われるよりはいいや」

——ははは。

宮本「すいません(笑)。あのー、売れてないバンドに『好きだ』って言われると、ちょっとムカつくんですけど」

草野「はははは」

宮本「Mr.Childrenとスピッツならいいか、みたいな。すいません、本当にもう」

——(笑)。誰でも褒めてもらえればいいじゃないですか。

宮本「そうですよね、ええ、けなされるよりは、はい。だけど照れるじゃないですか?まあいいんですけど」

草野「そうですよねえ。人になんかこう褒められたりとかいうのはね、あんまり。文字とかで書いてあると、雑誌とかで『スピッツ好きなんですよ』みたいな人がいると嬉しいって素直に感じるけど、(面と向かって)言われるとやっぱり変な感じするでしょ」

——どうなんですか？　じゃあマサムネ君としても自分がエレカシに惹かれる——まあ宮本君も言ったように、表面的なスタイルはかなり違うわけじゃないですか。
草野「もともと音楽のやり手としてっていうか、受け手としての自分っていうのが常に中心にあって。音楽ファンというか。CDを買ったりコンサート観に行ったり、っていうのが中心なんですよ、どっちかって言うと。だからそういう意味で、昔チープ・トリックとかレッド・ツェッペリンとかに夢中になったような感じで、エレカシもやっぱりただ音楽ファンみたいな感じで聴いてたっていう。だから、自分らのバンドと比較とか、そういうのはほとんどなくって。比較しちゃうようなバンドだとたぶん、そういうファン的な聴き方はできないと思うんで」
——で、今回はですね、おふたりに事前に質問表を渡してあって、それぞれ答えを書き込んできていただいてるんですが、これが非常に特徴的なアンケートで、すごく面白かったんですよ。まず第1問が「バンドを結成してからともに10年以上経過したんですけども、これだけ長く続けられたのは何があったからだと思いますか？」という質問に対して、ふたりとも答えが非常に似ていて。マサムネ君が「いいかげんさ」、宮本君が「アホだから（音楽に対して熱心だということですよ）」と書いてあって。
宮本「これはだから何て言うんでしょうかねえ、ひと言でなかなか言いづらいですけど」
草野「そうですねえ」
宮本「ただやっぱり、アホだからっていうのはありますよ。アホっていうか、それぞれねえ？　信頼してるわけだし。よくわかんないですけど(笑)。バンドっていうのは友達同士なんですか？」
草野「東京に出てきてから知り合った感じなんで。バンドを作るために集まった感じだから、バンド以外のところではあんまり話の接点とかない4人だったんですけど。まあ、今は10年もやってるからいろいろ接点はありますけど。10年かけて仲良くなった感じです」
宮本「年齢はどうなんですか？」
草野「年齢一緒です。それ大きいですよね、でもね」
宮本「デカいと思いますね、それは。僕らも同い年の友達同士なんですけれども、何て言うんでしょうか、世代を共有してるっていうか、なんとなくそういった暗黙のムードみたいなものありますよね、同年齢は」
草野「ありますよね。バンドでも歳の開きのあるところと、同い年のところは、雰囲気が全然違いますよね。なんか、みんなギタリストに対して丁寧語で話してるバンドとか、そういうのあるしね(笑)。そういうところにいると、やっぱりちょっと疲れるだろうなあとか思ったりするから」
宮本「そう、だから内面的なことよりもそういうバンドの中での仲間なんですよ。だからたぶんね、僕の場合は要するに悩み事とかさ、そういうことを話す友達はまた別にいたりするんですすよ」
草野「ああ、ああ、そうですねえ」

――マサムネ君の場合の、この「いいかげんさ」っていうのは？

草野「うーん、なんとなくねえ、楽観的というか、売れなくても『まあ、次ので売れればいいか』っていう。別に、そういう曲が作れそうな予感も何もないんですけど。『まあ、次があるし』とか……あとはまあ、失敗しても田舎に帰ったりすりゃあいいのかなあとか。そういう、割とあんまりシリアスに考えないようにするっていう癖があるんで」

――なるほどね。「バンドで失敗したら、もう俺の人生終わりだ」みたいな――。

草野「そんなんじゃないんで。あと、メンバー間で激しい意見のバトルみたいなのは全然なくて、誰かが『これどうしてもやりたい！』とかいうことになってくると、『まあ、やらせてやるか』っていう(笑)。『ちょっとダサいんじゃない？』とは言いつつも結局採用されたりとか。あんまり強くこだわって『これだ！』っていう感じではないですね」

――宮本君が言ったように、マサムネ君も「バンドの人間関係」「バンド以外の人間関係」とはっきり分かれてる感じなんですか？

草野「はっきりとは分かれてないかもしれないですけど。10年経ってるうちに共通の友達とかいっぱい出てきましたけど、まあでもそれぞれ分かれてるところもありますよ」

宮本「今『共通のお友達』っておっしゃったけど、僕とメンバーの共通の知り合いなんて渋谷さんしかいないっすよ」

――ははは。

宮本「渋谷さんと、あと山崎さん」

――宮本君、あんまり交友関係は広くないんじゃない？
宮本「狭いです、すごく。極端に狭いですね」
――バンド内であんまり深刻な人間関係ができると、長く続かないものなのかもしれないですね。
草野「引き時を知ってるっていうか、『これ以上口論すると崩壊につながるかも』っていうような、それの5歩ぐらい手前でもうやめてる。だから、『本当はそういうところで闘った方がいい音楽ができるのかもしれない』とは思いつつも、やっぱりできないっていうか。なんか、いわゆる新人類世代みたいな人間なのかなあと思いますね」
――なるほどね。エレカシもそういう、バンド内での激しい闘争とかないもんね。
宮本「う―ん、闘争ですか？　俺がひとりで怒ってるみたいな、なんかそういう感じですね。ええ、闘争はないです」
――ローリング・ストーンズみたいに、殴り合いの喧嘩をやりつつ30年続けてる、っていうのは本当に稀な例なんでしょうね。
草野「本当にやってるんですかね？」
――やってるみたいですよ。キース・リチャーズとミック・ジャガーが。
宮本「へえ―。ただ、酔っ払うとよくトミ（冨永義之）が石君のことを殴って鼻血出してて、『痛いじゃないか！』っつって笑ってる時があって、そうなると僕は早々と部屋に引き上げる、みたいなのはありましたけどね、ツアーの時（笑）」

――(笑)。それはただ酔っ払った勢いで？　それとも何か深刻な対立があるんですかね、彼らには。
宮本「いや、あると思います。『宇宙が回ってる』とか言ってて――まあいいんすけどね、ごめんなさい(笑)」
草野「いえいえいえ(笑)」
宮本「僕どうすればいいんですか？　こんな感じでいいんですか？」
――最高ですね(笑)。で、スピッツの場合そういうのはないですか。
草野「酔っ払って鼻血出すことはないと思うけど、なんかこう、酔っ払うとみんな説教臭くなったりとか、そういうのはありますけどね。お互いに否定し合ったりとか。『お前、それ間違ってるよ』みたいな感じにはなるけど……まあ、それぐらいですね」
――だけどそれぐらいないとね、あまりにも仕事仕事しちゃって、ある程度リアリズムの人間関係がないとつまんないし。それと関連して、第2問の「途中で解散を考えたことはありませんでしたか？」という質問に対して、これは答えが好対照なんですよ。マサムネ君は「ありません」、宮本君は「いつも考えてます」(笑)。
宮本「そんなのやっぱり考えますよ、これは僕は。っつうか、考えてるだけなんですよ。みんなだってやめようと思ってると思うしさ、何かあるとね。まあ、だけどどうなんですかねえ、もう解散してもしょうがないしさあ」
――そんな投げやりなことを言われても(笑)。

宮本「なんかこう、上手く行かないからっつってやめちゃっても、他のことで僕ができるっつったら何なんだろう？とかって思っちゃうと、解散できないですねえ」

――まあ、宮本君はソロでもやれるけどね。

宮本「また、渋谷さんそういうことおっしゃって、ねえ？　そんなことないんですよ、ええ、僕はバンドじゃないとできません」

――(笑)。そうですね。エレカシっていうユニットがあるから暴れられると。

宮本「そうなんです」

草野「単純にあの、最近テレビとかに出ることがあるんだけど、テレビはすごく嫌なんですよ。ソロのアーティストの方とかと一緒になったりして、割と交流とかない人が隣になると、こうやってジーッとして待ってたりとかして、自分がもしソロだったらもっとこう暗い気持ちになってただろうなとか思って。バンドだから、なんかいろいろ『ああ、映ってる映ってる』とか言ってリラックスできるけど。もともとテレビに出るのすら嫌なのに、そうやって席にジーッと座ってると、なんか歯医者の待合室にいるような心境になるんじゃないかなあと思って、ゾッとしましたけどね(笑)。他の歌手の人とかと仲良くなれる方でもないんで。それを手始めとして、いろんなところでバンドに頼ってるっていうか」

宮本「それはありますね。シャ乱Qのギターの人とかに話しかけられると、困ってしまいますからね(笑)。石君がいるっていうことで、まあとりあえずちょっといいかなみたいな(笑)。そういうのはありますね、わかります」

——じゃあ、今の話に関連して第3問。「テレビで歌うことをどう考えてますか？」っていう質問で——これもまた好対照で、宮本君は「楽でいい」、マサムネ君は「さらしもの気分で苦手です」。

宮本「要するに、コンサート100箇所でやるよりも、その1曲で非常に浸透がでかくて。僕はなんか、それで情けなく思っちゃうこともあります、実は。っていうのは、俺はテレビドラマの（主題歌の）1枚が、今までで一番売れてしまったんですよ。何しろそれまでに8枚もアルバム出してて、ねえ？　まあ、そういう意味じゃあ『楽でいい』っていう風に思ってしまったんですね」

——マサムネ君はどうですか。

草野「うーん、やっぱりその、聴いてる人の顔が見えないところで歌うっていうことで、異様に緊張してしまうんですよ。で、テレビの影響力っていうのを、なんとなく必要以上に意識してしまって。それですごい恐怖感とかそういうものを——考えすぎかもしれないけど抱いてしまって。もともと大きなホールでやるのも、そんなに好きではなかったんですよね。どっちかっていうと、ライブハウスでやるっていうか——たぶん自分に合ったキャパっていうのがあると思うんですけど、それがまあ新宿LOFTぐらいの大きさなのかなって思うんですけど。だから、そのキャパをかなり無限に超えているような思い込みが、そういう苦痛な感じをもたらしてるのかなあと思いますけど」

——宮本君の場合は、ＮＨＫの『ポップジャム』に来ていただいた時にですねえ、いきなり石君のギターを取り上げてですね、服脱がしてですねえ、無茶苦茶やって――。
宮本「あれはカラオケなんですもん」
――だけど、普通はやらないわけじゃないですか。カラオケなんだからギター取り上げてギタリスト裸にしちゃえって、一瞬思ってもやっぱりできないと思うんですよね。あれはだけど、自然にできちゃうわけでしょ？
宮本「っていうか、なんかみんな期待してるかなと思っちゃうんですね、僕」
草野「ああ、期待に応えてるという」
――さすがにあそこまでは期待してないと思いますけど。
宮本「そうですよね。なんかこう、『あざとい』とかですね、『普通に出れば？』とかっていうのはよくファンレターとかでですね、『最初は自然だったけど最近はわざとやってるんじゃないですか？』とか、なんか割と厳しい指摘をですね」
草野「でもね、みんな期待してると思いますよ。俺らの中でも話題になってましたもん。今日はなんか出るらしい、何かやってくれるのかなとか言って、みんな録画予約したとか言って、『今日は普通だったよ』とかって(笑)」
――たとえば、芸風とは違いますけども、スピッツが――インタビューで下着まで見せていいみたいなことは前言ってましたけど――ズボン脱いじゃうかあみたいな、そういう衝動に駆られたりとかは？
草野「あのー、そういう――生まれ持ったキャラっていうのがあると思うんですけど、そういうのと違うことをしてしまうと、むしろ悲壮感というか、可哀相って思われる風に映っちゃうんじゃないかなって思うんで。あんまりこう……想像はしてみるんだけど、できないんですよねえ。で、逆にその、テレビに出てる時に、吉田美和さんとか広瀬香美さんみたいな人が歌ってんのを見ると、『ああ、俺こんなところにいていいのかな』とか、歌の上手い人見てると、すごく恥ずかしい気持ちになってきて(笑)」

——で、第4問がすごく面白いんですけど。「スピッツもエレファントカシマシも結成当時は売れない状態が続きましたが、10年後のこの成功を想像できましたか？」という質問で、宮本君は「スピッツとエレカシ順番が逆だ」っていう(笑)。

草野「はははは」

宮本「だって俺たちのほうが年上なんだもん、一個(笑)」

草野「(笑)そうですね、大事ですね」

——(笑)。マサムネ君の答えは「ここまでは想像しませんでした」。宮本君は「成功してません」という。

宮本「僕はね、それは僕個人的なことなんですけど——」

草野「はい」

宮本「僕は有名になりたいんですよ、すごく」

草野「はい(笑)」

宮本「だからその、もっと要するになんか、年齢に合った職業をやるのかなあって。だからすごく、ミュージシャンとしてさ、ストーンズとかブルース・スプリングスティーンとか、向こうのミュージシャンは非常に年齢相応に自分たちのことを――」

草野「ああ、そうですねえ」

宮本「そうそう、だから日本にいないし、そういうミュージシャンもカッコいいですよねえ。だからそういう風になるか、バンドとして先々までしっかりとした目標を持ちながら、いいバンドとして50~60までやってくこともすごくカッコいいいし」

草野「ああ、そういうの欲しいですよね、日本にもね」

――マサムネ君は、ここまでのレコードセールスと大きなチャートアクションみたいなところまでは想像してなかったわけですか？

草野「そうですねえ。今だに変だと思います。やっぱり今、本当に売れてるGLAYとかEvery Little Thingとか、ああいう人たちに比べると、どう考えてもスピッツってキャラが弱いし、曲も割と地味だと思うし、演奏がずば抜けて上手いかっていうと全然上手くないだろうし。なんかよくわかんないところで……ひょっとして、なんか無印良品みたいな感じで売れてんのかなあ？とか思うと、それもちょっと悲しい気がしてきて(笑)、なんかよくわからないんです」

宮本「福岡の方特有の照れなのかなって僕、今ちょっと聞きながら思ってたんですけど。僕なんかが思ってるのは、スピッツっていうのは、そういう非常に普通の人々に対する浸透の仕方をしてるじゃないですか。スピッツとかMr.Childrenおよび、まあB'zとかもそうですけど、なんか非常に——等身大じゃないけれども、非常に普通の人たちが楽しみにレコード買ってて。非常にその、いい意味での無印良品なんですよね。僕がこんなの解説する必要ないのかもしれないですけど」

草野「いやいや。確かに4~5千枚しか売れないとかいう状況の時には、売れなさすぎとかいうのは感じてたし、なんでそんなに無視されるんだろう?っていう焦りとかもすごくあったんですけど。やっぱ50万枚とか以上になってくると、『ちょっとおかしいな』っていう。だからその中間ぐらい、10万枚売れればまあ妥当な評価だよねっていう風に思ってたから。なんか、行きすぎても行かなすぎても不安になっちゃう」

——どう? たとえば宮本君は、自分のレコードが50万枚売れた時に「まだまだ」っていう感じだったじゃない?

宮本「僕はそうですねえ、どっちかって言うと。だからそれはまあ、僕は熊本の人の血が入ってるからですね、変にそういうとこがあるのかなって」

草野「(笑)」

宮本「もうちょっと田舎臭いんですよ、きっと。九州男児。だから割と、逆にダサいことを言っちゃったほうがいいのかな、っていうのがどこかにありますから、やっぱり50万枚ぐらいだとですねえ、売れないと本当にみっともなくなってしまうんです。自分にプレッシャーを、今本当に曲を作んなきゃいけないとかって思ってる時に『もっと売れたい』って言うと『また宮本は放言で……』って言われてしまいますけれども。ただ、『もうちょっと売れたい』っていうのはありますねえ。俺が300万枚売れるとは実は思ってません。ただ、もうちょっとは行けるんですね、枚数としてもね、その浸透の仕方としてもその曲によってはもっと行けるんではないかっていうのはどっかにあるんですねえ、自分の中に」
草野「正直言うとエレカシがオリコンとかに入ってくる時代っていうのを、俺は予測してなかった――ファンとしてなんですけど。なんか時代ってすごい簡単に変わっちゃうんだなあと思って。だから、300万とか売れてもおかしくないと思いますけどね」
宮本「ただ、まずMr.Childrenがいて。で、スピッツがやっぱり、相当いい曲があるんだっていうことを――その2バンドに関しては、すごく正当にバンドやっているものがいいっていうこと――だから僕たちがやりやすくなったっていうのは実はあります」
草野「ミスチルが切り開いてくれたっていうのは大きいですよね」
――そうだね。ただまあ、時代が変わったんじゃなくて僕はその、エレカシが売れた要素っていうのはエレカシが変わったっていうのが一番大きいと思うし、やっぱりスピッツが売れたのもスピッツが変わったっていうのがあると思うけど。
草野「そうですかね」
――スピッツも3rdアルバム（『惑星のかけら』）までを延々続けて出していったんだったら、僕はここまで売れなかったと思う。
草野「それはそうですね」
――それは時代もあるけれども、やっぱり本人たちだと思いますよね。

草野「ちょっと変えるだけでそういう風になったりするんですよね」

——きっと本人たちにとってはちょっとなんでしょうね。

草野「ああ、ああ、そっかそっか」

——聴く側にとったら、もうえらい違いです。だから『Crispy!』以前のスピッツと『東京の空』以前のエレカシと、それ以降のスピッツ、エレカシっていうのはもう全然違うんだよね。宮本君だって、別に変わったことやったとは思ってないですよね。

宮本「音楽的にはそうですね、変えたとは思ってないです」

——で、売れた後の戸惑いっていうのはマサムネ君の場合はすごくいっぱい持ったみたいですね。あんまり居心地は好くなかったみたいですね。

草野「いや、どっちかっつったら居心地は好いですよ、そりゃ。周りの待遇ももちろん良くなるし(笑)。『グリーン車なんか乗っていいのかなあ』とか。『いいのかなあ』と思いながらも、割と乗り心地いいのでそれにも慣れてしまうし。だから、もちろんいいことのほうが絶対多いんですけどね、うん。ただ、たまに『本当にいいのかなあ?』と思うことがあるっていうぐらいで」

——たとえば?

草野「うーん、やっぱり『そういう贅沢していいのかな』っていうところとか。お金が入ってくるっていうのに対して、なんか本当に辛い仕事しても少ししかお金入ってこない人とか、友達とかにもいるわけですよ。そういう人と話してて、なんかこう、申し訳ない気分とかになってきて。だから、今はもう『宝くじに当たったようなもんなんだ』っていう風に考えてるんですけど(笑)」
――(笑)。
草野「仕事量としてはだって、その金額に見合わないと――見合わないっていうか、全然もらいすぎっていう風に思うんですけど。だからといって『取り分減らしていいですよ』っていうわけではないんですけど(笑)」
宮本「そうですか？　僕なんか取り分が少なくて困っちゃってるんですよ」
一同「(爆笑)」
宮本「ただですね、僕は地図とか浮世絵とか買っちゃうでしょ？――まあもともと買ってたんですけど――あれ部屋に置いてあるとすごく重苦しいんですよ、古いから」
草野「ああ、ああ、古地図とかも買うんですか？」
宮本「古地図、江戸時代の地図とか」
草野「ああ、いいっすねえ」
宮本「で、部屋に置いてあるんですよ。で、夜中になると、あまりの圧迫感に涙が出てきちゃったりするんですよ」
草野「あははは。そんなにあるんですか？」
宮本「いっぱいあるんですねえ。本とかも、全然読んでないのになんで俺はこんなに本を買ってんだ？とか思って、『何だこりゃ？』とかって思っちゃうんですね。だから、そういうことですね、きっとお金ってね、贅沢って。別にいいんだけども、みんなお金ってどうやって使ってるんだろう？　俺なんかそんなに金持ちじゃないんだけれども、それでも悩むっていうところはありますね。だけどなんか、結局お金しか評価するものがないから仕方ない、数字で表すしかないじゃないですけど、やっぱり100万枚より500万枚の方がいいっていうのは、100万円より500万円の方がいいしっていうのは、自分の権威欲を満たす基準としては、ある種そういう金とか枚数とかしかないんですね」

草野「うんうん、特に今はそうかも。昔だったら、レコードが売れてなくてもレコード大賞を取ったりとか、売れてないのに『紅白（歌合戦）』に出たりとか、そういうのでかなり権威欲は満たされたかもしれないけど、今は全然そういう権威ない——権威ないっつうとあれだけど(笑)、あんまりないみたいなんで。結局、枚数になっちゃうのかなあ。『先生に褒められるよりも偏差値高い方がいいや』っていうのは、割とドライな見方するとそうなっちゃうかもしれないですね」

——で、第5問が「10年後、今よりメジャーになってると思いますか？」というのに、宮本君はもう当然のように「思います」、マサムネ君は「いいえ」ということなんですけども。基本的にはこれも、今の話と同じことを言ってるっていう気はしなくもないですね。

草野「そうですね、もうピーク過ぎたって思います。そういう意味では俺は」

——そう？

草野「うん(笑)。音楽のピークではなくって、商業的な、スピッツバブルみたいなのは去年ぐらいがピークだったかなっていう。それはそうあってほしいっていう願望もちょっとありつつ」

――なんで？　いいじゃない、そういう商業的なサクセスは長く続いても。

草野「うーん……うーん、なんとなくこう、ヒットした後に知り合った人っていうのとそんなに仲良くなれなかったり。こっちがもう、『売れてる人に対しての接し方だな』ってすぐわかっちゃうような気がして。そうじゃない人に対しても、そういう風な気持ちを持っちゃったりして、いろいろ寂しいことが多いですね。まあ、俺なんかはまだ全然大丈夫な方だけど、ものすごくスターな人が『実は孤独だ』とか言う気持ちも、なんとなくわかるような気がするっていう。マイケル・ジャクソンとかが『実は孤独だった』とか」

――あの人はもう、世界で最も孤独な人のひとりだろうけれども。

草野「だから、『スピッツとか全然知らないよ』とかいう人と会うと、ものすごい打ち解けちゃって、逆に(笑)。昔は『えっ、知らねえの？』とか思ってムッとしたんだけど、『俺、洋楽しか聴かないから』とかっていう人だと、なんかリラックスして話せたりとか。そういう逆転現象があります」

――宮本君は、周りの態度が手のひら返しになったっていう感じあります？

宮本「僕はあんまり知り合いいないっすからねえ、わかんないです。ただ、言ってることはよくわかりますね。ミュージシャンだから、やっぱり曲――いい曲作って、自分の納得いく曲ができるのがやっぱり一番嬉しいよね」

草野「そうですね」
宮本「そういうことだと思いますよ。それがやっぱり一番いいですよ。それがまた売れたらすごく嬉しいしね、きっとね」
――今度のスピッツのシングル〝運命の人〟はすごくいいし、あれはすごく商業的な意味でもポテンシャルが高い曲だと僕は思いますけどね。
草野「ああ、そうですか」
――うん。だから、プロデューサーを変えたっていうのも、僕はすごくいい形で出たなあと思っていて。
宮本「えっ？　変わったんですか？　プロデューサー変わったの？」
草野「プロデューサーっていうか、作り込んでもらうプロデューサーっていう人はもうやめちゃって、一緒に作っていくような人とやることにして」
宮本「ああ、そうですか。バンドがやっぱり変わらないと――そうやって、周りのスタッフの人っていうんですか、そういうのをやっぱり少しずつでも変えていくっていうのは、すごい大事なんですねえ。解散しないんだったら、周りの人々を少しずつでも変えていかないと、やっぱり新鮮にできないんですよこれは、当然のことながら。なるほど、変えたんだ、へえー」
草野「なんかでもそういう、いろんなことを変えることによって、『なんでこうなるんだろう？』とか、いろいろ問題意識っていうものがバンドにある方が、バンドは活性化しますよね。だから、売れない時は『なんで売れねえんだ?』ってバンドが結束するし、スピッツは音がショボい――『なんでショボいんだろう?』ってまた結束して(笑)。まあ、前のプロデューサーの方とやっている限り、割と音的にも安心しちゃってたんでね。いったん不安なところにまた行こう、っていうことになったんですけど」

――エレカシなんてもう、本当にバンドのメンバー以外を全部変えて、それで突然の成功だもんねえ。

宮本「あれは疲弊してて……要するに、僕たちが『ここに行きたい』っていうイメージがあっても、どうしてもその、18歳の時のイメージをみんなが持ってるんですね。それは非常にやっぱり息苦しかったし。いいか悪いかって言ったら、もしかしたらそっちの方がいいかもしれないな、って思うことも実はあるんですけれども。ただ、自分たちがこう、『売れたい!』とかそういうことをすごく目標にした時に、『この同じスタッフだとどうなんだろう?』って――ちょうどそうやって思ってたら、向こうも思ってたんですね。それでクビになっちゃったんですけど、ええ(笑)。クビになったらなったで困っちゃうんですけどね、金ないし」

――なるほどね。で、スピッツの場合も、過去のスタッフでやっていくってことは結局、「過去のスピッツを期待される」っていうプレッシャーには、メンバーの中ではなっていくんだ?

草野「そうですねえ、うーん……でも、一番困るのは、『同じことをする』っていうことが結構怖いっていうか。割と変わったつもりでも、あんまり変われないような自覚があるので、『あっ、また同じだ』とかって思われることの方が怖いですね。で、常にマスよりもコアな人たちの意見とかを気にしてしまいがちなんで。だから、みんなが『あんまり良くないね』って言っても、ずっと聴いてくれてるような人が『ああ、いいじゃん』って言ってくれれば、それでもうすべて救われちゃう」

――エレカシも同じだったよね、構造的にはね。

宮本「そうですね、だからきっとそういうことですよね。同じことじゃなくて、少しでもいいから新しいものを入れて、一歩踏み出したいっていう。何枚ぐらい一緒にやったんですか？　前の方とは」

草野「4枚ですね」

――要するに、スピッツの成功を全部、そのプロデューサーとともに作ってきたという。

草野「そうですね。どっか意識の中には『売ってもらった』っていうのがあるので、そっから何とか脱皮しないとっていうね、そういう意識もあって」

宮本「そんなことないんだけどね、本当はね。まあもちろん意識としてはどっかにありますよ、それは」

草野「もちろん、そういう『売れる素質』っていうものがあったから売れたって思ってるんだけど、それを気づかせてくれる人だったわけだから。会わなかったら、たぶん売れてなかったと思うんですよね」

宮本「絶対そんなことないんですけどね。会わなくても売れてたと思いますけども」
草野「ファンレターとか読むんですか？」
宮本「読みますね、全部。あんまりたくさんは来ないからだと思いますよ。だって、1日10通ぐらいだもん」
草野「いろいろ批判的なのとか来ますか」
宮本「来ますねえ。ただ、前のおかしいファンレターよりは全然まともなんで。だけど、かえって重いですね」
草野「『おかしいファンレター』？」
宮本「要するに、特権意識を自分で持ってる人々からのファンレターっていうのは、やっぱり見え透いてるっていうか――それはそれでかわいかったり説得力があったりするんですけれども、普通の生活を営んでる人々のファンレターが増えましたから。それをひとつ読むっていうのは、特権意識を持ってる万年書生みたいな人のよりも――僕に共感してくれてた、ある種ぶっ飛んだ人のファンレターよりも――今いただくファンレターの方が切実だったりとか、非常に醒めてたりとか、逆に根が深いっていうか。悩みなのかわからないけど。普通の社会に生きてるサラリーマン、学生、主婦、高校生、いろんな方からもらうんですけど、やっぱり根が深いですね。特権意識を持ってる、ある種『ふん！歌謡曲なんてよぉ』なんて言ってる斜に構えた人々よりも、非常に読んだ後に……っていうのはあるんですけどねえ」

草野「ああ、ああ、そうですねえ」

——逆に本質的なことを書いてきちゃうよね、あまりにも当然の如く。

草野「ああ、そうですねえ。中学生ぐらいの耳っていうのが一番怖いんですよね。見抜かれちゃうから、『やる気なかったですね』とか(笑)。そう、実はコアな人の方がいろいろひいき目に見てくれたり、っていうのはあるかもしれない」

——マサムネ君はどのぐらいの頃のエレカシのコンサートを観たことあるんですか？

草野「えーとですね、結構な回数観てるんですけど。ON AIR（現・TSUTAYA O-EAST）でも観たし……バウス（シアター）の、なんかアルバムごとにやるやつありましたよね？それも2日ぐらい観に行って。あと、武道館も観に行きました。野音は2回かな」

——結構熱心に観てますねえ。

草野「そうですねえ」

——じゃあ、様子のおかしい人たちによって囲まれている、宗教集会的なライブを観たことはあるんだ？

草野「(笑)。でも、なんか自分が聴き始めた頃から持っているロックコンサートっていうもののイメージを、割とちゃんと感じ取れるコンサートがエレカシのコンサートで。その頃って、ロックって言われてる人たちも——まあ、スピッツもそういうとこあるんですけど——女の子がみんな同じ振り付けで踊ったりとか、そういうのも楽しいからいいんですけど、やっぱり自分たちが憧れてたロックのコンサートってこう、男ばっかりが観に来てて、ちょっと危険な匂いがするような空気とか、そういうものが英米の真似ではなくて、すごく日本的なものも加味されているロックのコンサートっていうのがエレカシのコンサートだったんで。そういうところで、ものすごく惹かれてたんです」

――緊張感あったし、いい意味では本当にいいお客さんだったよね。

草野「うん。すごく、なんかそういうのを求めて行ってましたね」

――次の質問が「ラブソングを書く時、具体的に相手を想像したりしますか?」というものので。宮本君は「します」、マサムネ君は「そういうのもたまにあります」という答えなんだけれども、ただ、ラブソング比率は圧倒的に、1対10ぐらいの差があるかなあという。マサムネ君はラブソングしか書かない人ですよね。

草野「ほとんどそうです、98%ぐらいですねえ」

――それはもう、ラブソングというスタイルじゃないと自分を表現できないという感じなんですか?

草野「うーん、ラブソングっていうか、〝あなた〟とか〝キミ〟っていう言葉が出てこないと、野菜だけになっちゃう感じ。肉がなくなっちゃう感じになる。だから、物足りなくなっちゃうんですよね、なんか知らないけど」

――宮本君はラブソングっていう発想は基本的になかったですか、当初は。

宮本「僕は恥ずかしくてねえ。やっぱりその……僕は男尊女卑じゃ決してないんだけれども、なんかそういう、彼女とかいても、それを僕はそんなにすごいことっていう風に思えなかったですね、その前は」
草野「(笑)」
宮本「『ココロに花を』っていうアルバムを出すまでは。またそれも、ちょっとドラマチックみたいで嫌なんだけど。ちょうどそういう、契約が切れちゃったりとかした時にさあ、ふと気づくとさあ、やっぱりすごい、ずーっと好きな人だったりとかがいて、『ああ、そうか、ずいぶん俺っていろんな人に――女の人だけど――世話になってんなあ』っていうのを思ったたんです。っていうのはもう、草野さんはたぶん長電話なんてしないと思うけど、俺はねえ、5時間とか長電話しちゃって。契約が切れた時に『俺もうどうしよう』とかっていうのを、やっぱり言ってるんですねえ。で、なんか『遊んでほしい』とか『どっか散歩したいな』とか――っていうのは、やっぱりそうだったたんです」
――特にあの『ココロに花を』のラブソングは切ないよねえ。
宮本「ガールフレンド欲しいなあとか思っちゃったんですね。僕はほら――男子校じゃないんだっけ?」
草野「俺は共学です」
宮本「共学ですか。僕は男子校で――すいません、やめますね」
――(笑)。いや、面白いよ。
草野「(笑)」
宮本「要するに、彼女とかさあ、ひとりできたら、もう絶対その人と付き合わなきゃいけ

ないと思ってたの。で、女の子と普通に話したりとかっていうこともなかったし。だから
それなんですよねえ。で、欲しいなあと思って普通に話しててさあ」
草野「(笑)ええ」
宮本「ちょっとそういうの……もうあれですよね、河村隆一なんて、すげえモテる歌作ってるけど、どうしてんのかなあ?って思っちゃうんですね、俺(笑)。27であの悟りっていうふうに思っちゃうんですね。すごいよなあ、あの人」
草野「ああ、ああ」
宮本「好きなんですけど僕、〝I love you〟っていう曲がすごく」
草野「でもなんか、小学校の時に童貞をなくしたとか言ってたから。だから、きっと普通の男と違う感性を持っているのかなっていう」
宮本「すごい鋭敏な感じしますもんねえ、あの〝I love you〟」
草野「普通に会って話してると、割と『気さくな青年』って感じなんだけど。深いですよねえ」
——だけど、今となれば宮本君だって、異常にモテている環境にいると思うんですけど。
宮本「そうですか?」
——そうでしょう。だってコンサート行ってもお客さんは女の子だらけじゃん。
宮本「いや、そんなことないと思いますけど、たぶん」
草野「でも、お客さんと普通の生活とはあんまり関係ないですよね」

宮本「ただ、以前話しかけてくれた人っていうのが、たとえばゲタを履いてて『なあなあ、宮本さん』みたいな人が多かったんですね。池袋の本屋さんの前で、普通の予備校生の女性とかが『握手してください』って来た時は、10分間ぐらい残像が残っちゃって」

草野「ははは」

宮本「ヤバいっすよこれ。どうすんですか、そういう時って。だからこう、かわいい人に『サインしてください』とかって言われちゃって——僕はそういうことなかったから。だからそれはモテてるっていうこととはまた違うのかもしれないけど、要するにそういう女性のファンが以前より増えたっていうのは確実なんです。それで、その時に7分から10分、『いやあ、綺麗な人だったなあ』みたいな、そういう残像が——『はいはい』とかってサインしながらも」

草野「すごい気持ちわかりますねえ」

宮本「そうですか、よかったあ」

草野「ええ。だって昔、売れない頃はね、街を歩いてて『ああ、かわいい子がいるいる』とかってジーッと見たりしてたんですけど、もう目を合わせられなくて。で、一回見てた時に『握手してください』って向こうから来たことがあって、その時にもう、世界の色が変わった気がしたですね(笑)」

——(笑)。「ヤバいぞ」みたいな?

草野「世界は俺のもの！みたいな(笑)」

——ははは。
宮本「草野さんなんか、モテ方ハンパじゃないだろうな」
草野「いや、全っ然モテないですよ」
——(笑)。
草野「でもね、この前車でラジオ聴いてたら、エレファントカシマシにリクエストが来てて、『宮本さん♡の16歳〇〇』って言ってて。そういうハガキって、昔は想像もつかなかったなあとか思って(笑)」
宮本「(笑)。女の人もみんなひとりで来てましたからねえ。割とその、キッとした感じの女性が多かったような気がするんですねえ。まあ、いいんですけど、そういうことは」
——(笑)。で、マサムネさんも前のインタビューで、バンドのメンバーから暴露されてますけども——。
草野「ああ、はいはい」
——「女性との幸福な出会いがあって、これがマサムネの曲を変えたんだよ」とかって言われてますけども。あれも事実なんですか？
草野「女性によって曲自体が変わったりすることは——その時々に惹かれてる女性とかで変わりますよね。その子が好きな音楽とかに影響されますから、その子の生活パターンとか。だけど、彼女に対して歌うとか、歌詞の内容の〝君〟っていうのがその子だったりとかいうことは、ちょっと恥ずかしくてできないんですけど」

――そうなんだ？　へえー。
草野「ええ。片想いだったらできるかもしれないけど、実際に付き合ってる子に対してはできない。だから、〝レイラ〟（エリック・クラプトンが当時の恋人を歌った曲）みたいなのとかはできないですよ（笑）」
――盛り上がるとか、そういう問題じゃない？
草野「ないですねえ。まずその、曲ができたらその彼女に聴かせるっていう、ひとつの儀式みたいなのが――（笑）」
――（笑）あるんだ？
草野「大体、普通ミュージシャンはそうじゃないですかねえ」
宮本「それをねえ、ちゃんと聴いてくれて、『この人に届いてんな』って気持ちしないと、嫌だよね、その女の人ね、たぶん」
草野「うん」
宮本「僕の場合は、その人に歌ってる歌じゃないんですけども、聴かしたりして『届いてるんだな』っていう気がしないと、目の前でギターを叩き壊しますね。ええ。帰ってもらいます」
――（笑）。それは何？　自分の曲が悪いんじゃなくて、「この女どうしようもない」っていう形になるわけですか。
宮本「『一緒にちゃんと聴いてくれてるんだ』っていうのが、なんかツーカーでわかるっていうかさ、ウマが合うみたいな」

草野「俺なんかは、彼女とかに『この曲最高だ』とかって言われると、みんながけなそうが、それだけでもうこっちまで最高な気分になったりっていうのはありますよ」

――それ、重要ですよねえ。

草野「ただ弊害が――彼女はそんなにおだて屋っていうわけでもないので、正直に『今回は地味だね』とか、そういうこともちゃんと言ってくれるんで。割と批判的な感想が出ると、なんかプロモーションの時に、あんまりこっちもセールストークが出なくなってきたりして(笑)」

――ははは。

宮本「いや、だからそういう人じゃないと、付き合ってる感じしないですよ。それだけ信頼してるっていうことなんでしょうけどね。そうじゃないと……やっぱり『良くないね』とか『わかんない』とか言ってくれた方が嬉しいですし」

草野「そうですね。いつも『最高、最高』って言ってんだったら、なんか『本当かなあ?』って聴かせなくてよくなっちゃう」

――やっぱり重要なんだね、そういうのってね。ふーん。ふたりともやっぱり、支えられているっていう要素は大きいですねえ。宮本君なんかまさにドラマチックだし、マサムネ君もやっぱり、そういう理解者がいるからこそ書けているみたいな要素はあるんだ?

草野「そうですねえ、だから、ひょっとして離れちゃうと、なんか俺、曲が作れなくなるのかな?とか(笑)」

——(笑)。そうなると、また別の彼女ができるわけでしょ?

草野「うーん、でもどうかわかんないですね」

——宮本さんも大丈夫ですか?

宮本「ただその、〝遁生〟っていう曲を作った時に——《『ペットのようなら飼ってもいい。』》っていう詞があるんですけど——」

草野「あははは」

宮本「それを聴かせたのかなあ? 俺わかんないけど。そんなことをやってんのにもかかわらず、男の歌って言ってやってたんだから、やっぱりちょっとこう、無理があるよね。その無理があるところを愛しんでくれる——ある種、心の大きなファンの人たちがそれを見て笑ってくれるようなね。本当は笑えるような詞じゃないんだけどさ、だけどそれを笑えるっていう方がいいんだよ。だけどまあ、あの、面白いですね、ええ、共感します」

——で、「お互いのバンドの好きなところ、好きな曲をひとつずつ挙げてください」という質問で、宮本君は「全部好きです」、マサムネ君は具体的に「かっこいいところ、それしか言えない。1曲挙げるのも大変だけど〝優しい川〟かな」と。

草野「出会いの曲ということで」

——聴いてくれてるねえ、ちゃんと。

宮本「ええ。僕はあの『空の飛び方』以降は全部聴いているんですけども、草野さんが何かの時に♪君と出会った奇跡が〜、の歌（〝空も飛べるはず〟）が『ちょっと柔らかくて嫌だ』っておっしゃってて。僕はあの歌とかすごい好きで、ついつい口ずさんでしまう歌だし。あと〝涙がキラリ☆〟とか僕は好きですよね。ちょうどね、僕の契約が切れていた時に、やっぱり一生懸命聴いたのが、スピッツとかORIGINAL LOVEとかさ、小沢健二とか奥田民生とかさ――なんかその辺の、ある種非常にコアだっていうように思われてた人たちが、非常に勢いきって表に出始めたタイミングで。熱心に聴いてたことがあるんです、ウォークマンで。その辺の時の印象もあるのかもしれないけど。よくその〝涙がキラリ☆〟とかっていうのを――ちょうどその頃の歌なんで。そういう意味もあって好きなのかもしれないんですけどねえ」

――そういう風に言われるとどうですか。「照れちゃうな」みたいな？

草野「そうですね（笑）。うん。届き方はやっぱり、自分の意志とはいろいろと違った感じで――」

――「お互いのバンドの羨ましいところ、これだけは自分たちは負けてないというところをひとつずつ挙げてください」。マサムネ君は「エレカシに対してはそういうこと考えられないです」。宮本君は、羨ましいところは「すべて」、負けてないところは「ルックスがオヤジくさいところ」と。

宮本「ええ。オヤジくさいですね、我々の方が。特に毛も薄いです、全員。『毛の薄さでは負けない』っていう風にしとけばよかったですかね。これ言うと、もう機嫌が悪くなっちゃうメンバーとかもいるんですけども」
草野「(笑)ああ、そうですか」
宮本「非常にこう、後退と、及び後頭部の方に――まあだけど、オアシスの人とかもずいぶん薄い人とかいまして。まあ向こうだと全然いいのかなとかって思いますしね」
草野「ああ、オアシスってそうですね」
――(笑)。で、「バンドのメンバーとオフの時に過ごす時間はどうですか?」っていう質問に、マサムネ君は「毎日のように会う時もあれば、ひと月くらい会わないこともある」と。
宮本君は「0」って書いてある(笑)。
宮本「ゼロなんですよ、今」
草野「本当に?」
宮本「前はね、毎日遊んでたですね。高尾山に――近所の山に行ったりとか、日光のいろは坂に行ったりとかですね、夜中になるとそのメンバーと出かけてたんです。行き場のないエネルギーを、そうやって発散してたんでしょうけども……まあそういった時間が、やっぱりメンバーがこう、結婚――結婚してるメンバーとかいらっしゃるんですか?」
草野「います」
宮本「そういった、要するに生活パターンの違いっていうんでしょうか、そういうものがあって。ただ、どうでしょう、『そろそろまた遊びに行ってみようかな』っていう気はあるんですけどね」

草野「やっぱりその辺が、バンドっていうものの人間関係の不思議なところで。ただの友達の場合だったら、ずっと会わないとやっぱりそのまま会わなくなっちゃったりとか、久しぶりに会うと『おお、久しぶり』ってなるんだけど。バンドの場合は、久しぶりに会ってもあんまり久しぶりっていう感じがしなくて。で、毎日会ってても変じゃないし。ちょっと特殊なつながりなんだなあって思いますけどね。すごいずーっと会ってないのに、よく行ってる餃子屋さんがテレビに出てたりしたら、電話かけて『あそこの店出てるよ』って教え合ったりとか(笑)。そういうつまんないことで電話もできるし」

――(笑)。だけど、10年になるとそうなってくるのかもしれないね、だんだんね。だってエレカシなんて、本当にいわゆる友達関係が最初だったんでしょ。

宮本「そうですねえ、12の時からなんですよ、中学校の同級生だったから」

草野「結構、過去の恥ずかしいところとか知ってたりするんですかね」

宮本「そうなんですねえ。たとえば授業中に、先生に逆立ちさせられてですね、僕はイチゴのTシャツ着ちゃってたんですね、マズいんですね。で、クラス中に笑われた話とかですね、なんかそういうのもよく知ってるんじゃないかなっていうのがありますけども」

――(笑)。で、最後の質問なんですが、「相手から何か一曲作ってくださいと頼まれたら、どんな曲を作りたいですか?」。マサムネ君は「つぶやくように歌うスローなやつ」。宮本君は「素晴らしい、いい曲を作ってあげます」っていう(笑)。これもお互いのキャラがよく出ている感じだけれども。

草野「いや、あの、普通のアップテンポの曲とかって、わりとかわいいっぽいのしか作れないような気がするんで。スローな曲だったら何とかなるかなっていう。でもあんまり、人の歌とか歌えませんよねえ？」
宮本「今んとこ経験ないですけど、そりゃあもちろん、ねえ？　いいっすよそれはねえ」
草野「俺も人の歌とか、自分のＣＤで入れたことないんで。でも、あんまり人の歌を歌いたいと思わないんで、たぶん宮本さんとかそういう人かなと思って」
宮本「こーれはだけど、人の歌で売れちゃったりすると、ずいぶんと楽ですよね」
草野「悲しくないですか、それ」
宮本「ちょこっと詞の最後の部分だけ『ここ違うよ』とかって共作にしちゃって、人の曲で売れちゃったらいいなあとかって思う時もありますけど」
草野「(笑)」
――だけどあれですよね、非常に遠いようでいながら、僕はすごく近いものを感じますけどね。それでまあ、ふたりを会わせて話をしていただきたかったんですけども。ふたりとも基本的には非常にディープなものを持ってるんだけど、最終的にポップな形に出ているという佇まいはすごくよく似ているっていう感じはするよね。で、面白いことに、宮本君の方がもっともっと方向性としてもポップな方に振れているっていう感じだよね。
草野「ああ、ああ」
――むしろマサムネ君のほうが結構アングラな資質があるって感じがする。

草野「ああ。アングラに憧れてもなれないようなとこがあるからですよね。うん。なんかこう、いわゆる――もう死語ですけど――サブカルチャーみたいなところに憧れてるんだけど、そっちに入っていけないような」

――だけど、そっちに入っていっちゃうと結局は嫌なんだと思うよ。

草野「うんうん、だからスノッブな感じとかがすごく嫌なんですよね。さっき出た特権意識みたいな部分が。結局自分がこう、ガキの頃に普通にダサいガキだったと思うから。そういう人に、やっぱり作るからには届けたいと思うし」

――あれは名言だと思うんだよ。マサムネ君が前に言ってた「ロックってダサい人が聴く音楽だ」っていうのはさ。

宮本「そうですか?」

――そう。俺はそう思うんだよ、ロックというかポップミュージックというものは。宮本君も基本的にはそういうものだと思うけどね。だから、自分の歌を特殊じゃない人に絶対届けたいっていう。そういう佇まいになった途端に、こういうことになったんだと思うけどね。そうじゃない?

宮本「ええ、みんなに聴いていただけるといいですね」

草野「はははは」

――(笑)。なんか、すごく人に合わせてない?

宮本「いやいやいや」

――じゃあ最後に、相手に言っておきたいこととかないですか？

宮本「僕はあなたが好きです！」

草野「（笑）」

宮本「こんなのじゃダメですか（笑）。ダメですね、すいません！」

草野「記事にならなさそうな（笑）」

宮本「どうしようかなあ（笑）。楽しい時間を過ごさせていただいてどうもありがとうございました。僕、感謝の気持ちでいっぱいです」

――どうですか？　改めてこうやって長く話してみて、宮本さんの印象は。

草野「いやあ、カッコいいですねえ。最近ちょっとライブ行ってないんで、また観させていただきます（笑）」

宮本「ええ（笑）」

――お互いに好印象を持ったということで。

草野「（笑）。なんかすごい、お見合いみたいだ」

第二章 『good morning』——革命をこの手に

ガストロンジャー

お前正直な話
率直に言って日本の現状をどう思う？
俺はこれは憂うべき状況とは全然考えないけれども、
かといって素晴らしいとは絶対思わねえな俺は。
（だから俺は俺に聞いた。己の現状を俺に聞いた。）
翻って己自身の現況を鑑みるに、
これはやっぱり良いとも悪いとも言えねえなあ
俺の場合は、君はどうだ？
俺はこれは憂うべき状況とは思っていないけれども、
ならばこれが良いのかと問われればまあまあだと
答えざるをえないのがおおいに不本意だ。

もっと力強い生活をこの手に！

OH! 胸を張って、胸を張って出かけようぜ。

俺が生まれたのはそう
所謂高度経済成長の真っ只中で、
それは日本が敗戦に象徴される
黒船以降の欧米に対する
鬱屈したコンプレックスを一気に解消すべく、
我々の上の世代の人間が神風のように
猛然と追い続けた、
繁栄という名の、そう繁栄という名の、
繁栄という名のテーマであった。

OH!
嗚呼そして我々が受け継いだのは
豊かさとどっちらけだ。
あげくがお前人の良さそうな変な奴が
のせられて偉くなっちゃって、
それでもそこそこ俺達は生活してんだから
訳わかんねえよなあ。おい。

化けの皮剥ぎにでかけようぜ、
化けの皮を剥がしにでかけようぜ。

〝くだらねえ世の中〟〝くだらねえ俺達〟
そんなのお前百年前から誰でも言ってるよ。
お前変わんねえんだよそれ、
お前縄文時代から変わんねえんだよお前それ。
それ縄文時代から現代まで変わってねえんだよ
お前それは…。

ただなあ　破壊されんだよ駄目な物は全部。

OH!
この世の中にはそりゃあ思い通りにならないことは
いくらもあるってことはお前さすがの俺も
百も承知だけどなあお前、
しかし、俺は折角のロックンロールバンドだ。
あいつらの化けの皮を剥がしにいくってことをなあ、
さっき自問自答の末結論した。

世の中にはさあ知ってるよなあお前、正直な話。
ただなあ、
だからそうお前、

それはお前そんなにお前がっかりしてんなよ、お前、
あのキリスト教の聖書にも載ってるってことはお前
BC時代から同じこと言ってんだみんなお前。
だからそう、だからそう、だから胸を張ってそう!
だから胸を張ってそうさ!
だから胸を張ってさ!　〝だから胸を張ってさ　そう〟

OH!
化けの皮を剥がしにいこうぜおい。
さあ勝ちにいこうぜ。
でたらめでもなんでもいいんだ。

ただなあお前、破壊されんだよ駄目な物はいずれ。

死ぬときがこの毎日ときっとおさらばって
言うことなんだから、
それまで出来うる限り、
そう出来うる限り己自身の道を歩むべく、
反抗を続けてみようじゃないか、出来うる限り…。

胸を張ってさ　そう

「高度経済成長生まれで」っていうのをずっと言いたかったんですよ

——1999年12月8日、シングル『ガストロンジャー』リリース

僕はここ最近、デモテープを打ち込みで作ってたんですよ。『愛と夢』も、デモテープの段階ではほとんど僕の家で作っちゃってたわけですよ。打ち込みマシーンと、4チャンネルのMTRで。石君に機械係をやってもらいながら、ずーっと曲作ってましてね。これが面白いんですよ。

ズッズッタン・ズッズッズッタンって打ち込むとですね、それが永遠に、もうまったく狂わないテンポで流れてくるわけですよ。それはもう、ドンカマ（リズムマシン）を発見した時と同じぐらいの衝撃が走りましたね。つまり楽しかったんですよ。

何しろ昼の1時から、夜の10時とか11時まで、毎日毎日時間がある限り、ふたりでずーっとこもって曲を作ってんのが日課みたいになってですね。すごく充実した——浮世のいろんなことを忘れられる、とても楽しい時間だったんですよ。「機械ってすごいな」って僕は感動したんですけれども。科学の力っていうか。それで、僕はバンドの練習を全然しなくなっちゃったんですね。

ただ、僕はそのデモテープの曲は、最終的にはバンドでやろうと思ってたんですよ。でも……僕の中ではデモテープを作ってる時はもっとカッコよくなるはずだったんですけど、バンドでやると「割と普通になるんだな」っていうか。で、石君に訊くと、石君も「そうだ」って言うんですすよ。

僕はずいぶんいろいろやりました。結局〝ガストロンジャー〟と〝soul rescue〟を録るのに3ヶ月ぐらいかかっちゃったんですけど。

ってていうのは、その間に「打ち込みっていうのはどういうことなんだろう?」って──たとえば僕とエンジニアと、プロトゥールスっていうコンピューターを使う人と、3人でレコーディングをやってみたりとかしたんですけど、なんか音が違うんですよ。

バンドでやっても僕のデモテープと違うし、コンピューターを使ってる人とやってみても、やっぱり僕のデモテープと違う。なんか、直じゃないんですよね。ある種まったりした感じになっちゃう。

まあ今まででだったらね、僕はそのまま出してきたんですけど。前に山崎さんに部屋で聴いてもらった時も、好評を博したじゃないですか。「これカッコいいじゃん。デモテープのまま出せばいいじゃん」って。僕も、実はそれを考えました。

ところが僕は、カセットテープの音がそのまま音源になるとは思ってなかった。デモテープを使うことを最初っから諦めちゃってたの。「僕のデモテープなんかどうせダメなんだ」って——1stアルバムからそういうやり方をしてきたから。

当時、僕は「50点」だか「60点」って言った覚えがあるけども、実は1stアルバムの時から、僕らのジレンマみたいなものが始まってるんですね。

っていうのは……ヤマハのポプコン（「EastWest」）に出た時の〝やさしさ〟と、1stに入ってる〝やさしさ〟って明らかに違うんですね。なんか肉厚になっちゃってんの。〝デーデ〟も〝ファイティングマン〟も〝ゴクロウサン〟も〝やさしさ〟もね。

ところが、16とか17の時にヤマハのスタジオでデモテープで録った〝ファイティングマン〟、これはカッコいいですよ。非常にソリッド。下手なんだけど、まさにバンドの一体感があるんですよね。確かに演奏は下手でしたけど。

で、1stを録る時に山中湖のスタジオに行ってさ、「レコーディングだあ！」っつって張り切って、やたら練習しちゃったんですよ。そしたら、全然違うもんになっちゃったの。驚いちゃったんだけど。なんかその、ソリッドなものが失われてて。

みんなは褒めてくれたけど、1stを作った時に僕が「50点」って言ったのは嘘でも何でもないの。ただ、それを補って余りある僕ら4人のエネルギーがあったのは事実なんですよ。それこそバンドの「何にも怖いもんねえんだよ！」みたいなさ。

だけど、また人間って不思議なもんでさ、情緒的なものがあるんですよ。要するに、音楽だけでやってるわけじゃないでしょ？　ほら、たとえばサッカーだってさ、全員が中田英寿になったら大変なわけだけども、役割分担とかを決めて、ひとつ勝利に向かっていって、それを結果として残した時にはさ、なんか情緒をくすぐるというか、感動を呼ぶでしょ？　特に、僕らを応援してくれる人たちにとってはね。そういう、あっちを立てればこっちが立たずっていう状態でさ。

だから、今の僕の分け方としては——それじゃあ最終的にはいけないんですけども——ライブは情緒、アルバムはソリッドなものにしようって結論して、これは2曲とも打ち込みになってるんですけども。

何しろ目からウロコでしたねえ。僕のカセットテープをそのままコンピューターに入れちゃえばいいんだもん。それで録ったのが〝ガストロンジャー〟ですね。これ、100点中82点ぐらいまでは来てますね。だから、これができあがった時は嬉しかったです。

来年1年はサウンドをもっと発展させていくべくですね、この方法の発展形を目指したいなあと思ってるんですけどね、ええ。

〝ガストロンジャー〟を作る時、最初に僕はメンバーに言いましたよ。「こういう風にやりたいんだけど、やらしてくれないか」と。そしたら「もちろんいいよ」って普通に言ってたんですよね。

もちろん内面的にはね、特にリズム隊は——まあ成ちゃんはベース弾いちゃってますからね、何にもないでしょうけど。成ちゃん、やりやすそうでしたね。ベーシストとして「狂わないリズム」っていうのはやりやすいみたいですね。

トミはすごくショック受けたと思いますが、訊くと全部「いいよ」って言うんで、よくわからないですけど……どうなんですかね？　僕には「カッコいい」って言ってますね。ただ僕に言わせるとですね、僕も8300倍ぐらい葛藤してますんで、「葛藤が少ねえんじゃねえの？　もっと葛藤しろ！」って言いたくなるところもあるんだけど。

そもそも、僕は1stアルバムの時に、エピック・ソニーの人から「他のメンバー要らないから、君だけと契約したい」って言われてるんですよ、19ぐらいの時だけど。僕はそん時、メンバーに何て言おうかと思いましたけどね。それで、「いやいや、とんでもない」と――まあ、そんなことはどうでもいいんですけども。

難しいんですよ、情緒っていうのは。だって僕は今まで、バンドのリズムと対話しながらこういう風になったのかもしれないし。やっぱりそれを必要としてるところもあるわけなんですよ。その証拠にですね、機械係が石君じゃないとヤだったんですよ。

あと《だから胸を張ってさ》のところには、トミのドラムを入れてるんですよ。だから全員参加はしてます。それは別に情緒的な意味でも何でもなくて、参加してほしかったからやってもらってるんですけど……それはまあ些末なことなんですけどね。

ここ1年くらい怒りモードなのは……なんでなんですかねえ？　元を正すとね、だんだんやりたくなってる時期があったんですよ。それは『愛と夢』からなんですよ。

たぶんね、〝今宵の月のように〟の時に――あれは今となっては非常に好きな曲なんですけど。いい意味ですごく完成されてると思うんですよね。

で、その時に僕は感じてました。僕は小っちゃくなって生きてたんですよ。「みんなは僕らの音楽を、忙しい合間に聴いてくれるんだから、優しい歌を届ければそれでいいんじゃないか」と……そしたらさ、唯一テレビに出てる時だけ解放されてるんですよね。で、歌になっちゃうとさ、またぞろ「人を傷つけちゃいけない」っつって縮こまってましたよ。それが嫌になっちゃったんですね。

そこでもうひとつ、バンドの流れっていうものがあるんですよ。バンドとして精神的に進化してくる部分があるとともに、逆にある種のジレンマ——自分とバンドとの距離、また僕との距離、そういうものをなんとなく感じながらやってる流れっていうのがまたあって。

その流れを、僕はデモテープを作ることによって断てたんでしょうね。だから、非常にデモテープは重要でした。僕は泣くほど機械が嬉しかったし。こんなすごいことないですよ。実は家で感動して、月を見ながら目に涙を浮かべましたよ、極端な話。

だって、あんなに悩んでたのがさ、あっさり解決しちゃったんだもん。バンドとしてっていうか、人間としての成長の歩みとか、音楽の情緒の部分とは別にさ、「こういう風にやりたい」っていうものがさ。だから、「バンドとともに歩まなきゃいけない」っていうのとは全然違うものになってますね。

バンドでやってたら、もっとブルースとか、「うっ、今いいフレーズが入ったねえ」みたいなものになってくると思うのね。だけど当然、違う歩みがあるんですよ。人間なんかそう変わるもんじゃないんだからさ。

あと、僕は前に山崎さんに——約束したわけじゃないけど、「〝悲しみの果て〟なんか余技だ！」と言ったからには、「絶対にもっと違う音楽ができるはずだ！」って思ってたからさ。その方法が見つかれば、そこに行きますよね。

でも……なんで俺も、急にこんなことやりだしたんだろうね？　不思議だね。

それもさ、機械の使い方わかんないから、石君に家に来てもらって……またあの男が協力的でさ。部屋までエレベーターで上がってくるんだけど、台車まで持ち込んで、機材を全部積み上げて持ってきてくれんのよ。言ってることが通じるのよ、石君って。

『愛と夢』の時も打ち込みのデモテープだったけど、確かにあの頃の曲と〝ガストロンジャー〟ってまた曲が違いますよね。だけど、なんで〝ガストロンジャー〟っていう、宣戦布告みたいな曲ができたかなんて……わかんないですよ、そんなもん。

歌詞はね、やっぱり「このサウンドに気迫的に負けちゃいけない！」と思うと、どうしてもテンションが高くなって——だけどさ、まあ僕はこのまま死んじゃうかもしんないしさ、売れなくなってやめちゃうかもしんないけど、日本の音楽界にもこういう男がいたんだよ！　よかったよなあ。そういう風に思わない？（笑）。

あとね、バンドでオブラートに包んでた部分があったとすると、それに対して僕の詞だってオブラートされていくし。逆に、サウンドがこういう風になっていればね、当然ながら直に歌えることも出てくるわけなんですよ。だから、「そんなに変わんねえんだ」っていうのが第一前提ですね。《ニタリ　ニタリの策士ども》（〝花男〟）と《化けの皮を剥がしにいこうぜ》って、結局変わんないんですよ。

僕はこの「高度経済成長生まれで」っていうのをずっと言いたかったんですよ。っていうのは、僕はずっと江戸時代が好きでしょ？　ただ、僕は首都高速道路ができてる東京しか知らないじゃないですか。

まあ、関東大震災とかで壊れちゃうんだったら仕方ないけど、人為的にさ、高度経済成長でお堀が潰されて高速道路ができちゃったりとかさ。悔しいわけよ。「なんでお前、首都高速をお堀の上に建ててんだよ？　俺がやれって言ったか？　なんでお前、川んとこの土の上にコンクリート張ってんだ？　誰がそんなの決めたんだバカ野郎！」――僕はほんとにそう思ってますよ。

散歩しててもアッタマ来ちゃうよねえ。車の散歩も面白いけど、歩いてた方が楽しい。だから、「自動車なんか作んなくったっていいからさ、もっと徒歩で歩けるようにしろよバカ！」とか思うよ。ただ、それはもちろんいけないでしょうけどね。そしたら車の人は失業しちゃうしさ。だけど俺はほんっとにムカついてるわけよ。だからまあ、反抗っていうかさ、ひとりの一生としていいじゃん。

滝野川っていうところがあってさ、大正時代まで渓谷だったんですよ。ところがコンクリートを張っちゃったからさ、なくなっちゃったんですよ。俺は見たかった！　悔しくてたまらない時期がありましたね。

それで浮世絵とか買って見たりして「昔はこうだった、ああだった」って散歩すんの好きだったんだけど……護岸の話しちゃうといろんな人に怒られそうなんだけどさ。「そんなのしょうがねえだろ、上流の方で木切っちゃって、このままだと浸水しちゃうんだよ、昔と違って人口増えてんだからよ！」とか言われちゃうんだが……悔しいよね。「そりゃあ、君たちはそういう風に思ってやったかもしれないけど、僕はそれが見たかった！」っていうのがあるじゃん？

別にこれは変な自然崇拝じゃなくて、僕は東京が好きだから。見たかったんだよ。もちろんその反面、子供の頃霞が関ビルとか、東京タワーとか、京王プラザホテルとかさ、「東京ってすごいだろ！」って思っていた自分もいるんですよ？　難しいよなあ……如何ともしがたい。

ただ、僕はロックミュージシャンなんだから、歌詞の中では思いっ切りワガママでいいんじゃないかと。正直に言っても、人はあんまり疎外しないのかなって。そこに関しては……小学校時代に嫌われてた経験が、結構尾を引いてるんだと思いますね。

学校ってすごく狭い社会だと思うんだ。どうしても通わなきゃいけないから、小学生がクラスメイトにシカトされるとさ、地獄のような日々になってしまうけども。

だけど、最近——ちょっと解き放たれたんだと思う、売れたっていうことは。遠慮して縮こまってた自分の中の精一杯が『明日に向かって走れ』なのかもしれないけども、でもちゃんとみんなに届いたっていうのは……「ああ、俺だってちゃんと存在してよかったんだ」って思えたところがあるのかもしれない。

ある程度レコードが売れるっていうのは、ひとつのきっかけになるわけですよ。だって印税バーンと入ってきたりとかさ。今までサ店で3時間ねばってたのが「1時間で次の店に行きゃいいや」って風に思えるようになっただけでも全然違うでしょ？　免許取ったのもそうだし。

だから、売れたことによって考える時間をもらえたのは事実なんですよ。まあ売れなくたって、結局はこういう風になると思うんだけれども。


極端に言っちゃうとね、高校の時に「EastWest」っていうコンテストの練習で赤羽の楽器屋のスタジオに入った時から——こんなこと言うとまた「宮本は傲慢だ！」とか言われちゃうんだけども、メンバーを見て「ああ、俺はこいつらと全然違うわ、ごくろうさん」って突然思ったことあったもん。そっからスタートしてるっちゃスタートしてるわけ。

みんなは1stアルバムを「いい」っつってるけど、それは大いなる誤解ですよ。確かに、僕の歌詞とか曲は素晴らしいし、サウンドもある程度インパクトあったかもしんないけども、「あんなもんじゃない」ってずっと僕は思ってたし。

しかも、〝遁生〟を作った人間が〝悲しみの果て〟だって歌えるって、すごくカッコいいと思ったしね。そういう切羽詰まった精神状態で生まれてきたポップな曲と、それこそサウンドクリエイターとしてドンとしてる精神状態で作ったものが、サウンドとしても精神的にも余技じゃない形で本人の中にあるっていう。

で、〝ガストロンジャー〟はもう、本流中の本流だと思いますね。もう最後の必殺技っていうか。僕は、この打ち込みの方式——要するにひとりで作っていく方法が本流になると思うんですね。最後の「これは届かないと困る！」っていう方法論だと思います。

はっきり言っちゃうと——まあ誤解を恐れずに言うと、本当の本流。一番やりたかった方向に、力強い一歩を踏み出しつつあるって感じだと思います。『東京の空』以前とつながったっていうのとも、1stの頃の過激さが戻ってきたっていうのとも違う。今までやれなかったことに、初めて到達しつつあると思います。まだアルバム作り終わってないんで、何とも言えないんですけど。

もっと言えば——僕は小学校の時に疎外されたじゃないですか。だから、幼稚園以来の自由でワガママな状態かもしれないですね。音楽に関しては、そこに近づきつつあると思いますね。

でもまあ、僕は細かいことを気にするんですよ。〝ガストロンジャー〟の中で《ロックンロールバンドだ》って言ってるのも、作品がちゃんとしてれば、それは届いてくって思ってるからで……ただ、これも難しい問題でね。「じゃあ、作品が良ければ、何をやってもいいのか?」って言うと、これまた疎外されちゃうしね。

今回のデモテープ方式も、このやり方が正しいっていうのを確信してたんだけど、それでも他の可能性も全部試してるんですよ。周りを納得させるために、割と時間をかけてね。それをやらなければやらないで今度、僕はもっと失礼な態度を示しちゃうんですよ。だから、できる限り通じるべく努力を続けていこうじゃないかと。

ただね、僕は《ロックンロールバンド》だって言ってるでしょ? 要するに、曲でワガママになれればいいんですよ。

いや、自分が気を遣いすぎだっていうのは——僕も33年間これと付き合ってますから、百も承知なんですよ。周りが気にしてないにもかかわらず、挨拶1回やればいいところを8回やっちゃってたとこもあるかもしんないし。

だから、「絶対的にこれが必要だ!」って確信を持ってできるまでは、はっきり断言してそこまで行けないんですよ。自分の頭の中には、直感的にもっと高いものがあったとしたって、それに辿り着くまでの方法を自分で見つけない限りはさ。

たとえば火鉢だってそうでしょ? 火鉢より石油ファンヒーターの方が暖かいし、簡単だって実感するまでは——ほら、山崎さんと新年会やった日に9度6分の熱出してさ、家に帰って火鉢に火おこすのさえ面倒臭くて寒い中ガチガチしてたら、トミと親父がファンヒーター持ってきてボタンつけたら暖かかったんですよ。「なんだ、火鉢よりファンヒーターの方がいいんじゃないか」って——まあそれは半分冗談だけども、そうやって気づいていかない限りは次に進めないわけですよ。

クーラーだってさ、家の前に30匹セミが鳴いててね、夜中も29度で寝られない、もう何度シャワー浴びたって汗がダラダラ出てくる、そういう地獄的な——まあ灼熱地獄じゃないけどさあ、閻魔大王に「なんでこんなに暑いとこにいなきゃいけないんだ?」って言えば、やっぱり現代のコンクリートの住宅の中では、クーラーだって必要ですよ。だから僕は、『ココロに花を』で火鉢を石油ファンヒーターにしたつもりだったしさ。

《化けの皮を剥がしにいこうぜ》っていうのは……僕は、日本がいい風になるとは全然思ってないんですよ。ただ、もうちょっとはっきりした方がいいなあって思ってます。もっと貧富の差とかあった方がいいと思うし。

日本国っていうある種の共産主義——またこんなこと言っちゃうとねえ、言葉の字面で刺激を与えちゃうから良くないんだけど、僕ら刺激が少ないんだよ。アメリカなんかは、法律にも必然性があるっていうかさ。僕らだって、もっと貧富の差があったっていいはずなんだよ。だけどないじゃん。そんなの変じゃん?

たとえば、中国と地続きになったりとかさ、イラン人だろうがアメリカ人だろうがユーゴスラビア人だろうがロシア人だろうが中国人だろうが、グチャグチャグチャってなってたら摩擦だってもっと多いしさ。

だけど、ほんとは摩擦してるんだけど、摩擦がないようにしなきゃいけないような、風土固有の性質があるじゃないですか。それを《剥がしにいく》っていうことなんじゃないかと思うんですけどね。

小渕首相（当時）とか象徴的じゃん。得体が知れないっていうかさ。「得体が知れなくないと偉くなれねえ」みたいなとこあるじゃない？　だから、もっと貧富の差とか、実力的な部分っていうのが明快になった方が——たとえば法律とか社会保障とかさ、いろんな部分がもっとわかりやすくなるんじゃねえかなっていうかさ。

それは置いておいても、「風土固有の性質を《剥がしにいく》」っていうことなんじゃないかなあ。「何なんだ、小渕首相なんて偉くねえじゃん！」っていうことなんじゃないですかね。「なんで天皇陛下っているんだろう？」とかさ、「なんで天皇陛下のああいう会は表向き民間団体がやって、なんでGLAYの人たちが駆り出されてんのかなあ？」とかね。

そういうのも含めて《化けの皮》じゃないですか？　風土の持ってる特有の曖昧模糊とした雰囲気。今だったらそれを大上段から言ってもいいんじゃないですか。みんな思ってると思うし、もともと思ってるのを言っても誰も怒らないっていうか、「そうだ！」って思うっていうか。

だからむしろ、《ニタリ　ニタリの策士ども》の頃よりも本気です。「むしろ」どころか、実を言うと「ヤバい！」と思ってます。「本当にこの趣旨のまま取られたら殺されんじゃないか?」ってぐらい、実はビビってます。

やっぱり、僕なりに嫌なことっていっぱいあるんですよ。誰もが本気だし、本気で生きてる人はいっぱいいるから、僕も本気で言わなきゃいけないんじゃないかって思ったし。

僕がバンドのしがらみ云々って言ってるのは——僕に説得力がないから「ええー? じゃあバンドどうなっちゃうの?」っていう気持ちを起こさせてしまうっていうことかもしれないし。それはまた情緒的な部分では大事なんだけど、クオリティがグレードアップすれば、誰もそんなこと言わなくなるだろうからね。

だから、「それはもう仕方のないことなんですよ」とか「お前らが心配することじゃねえよ!」って言うしかないぐらいに僕は思ってますけどねえ——だけどまあ、それはファンのいいところだから、何とも言えないんだけどね。

ロックはイコール革命ですよ。音楽で、本質的にちゃんっと変えられるんですよ

――2000年4月26日、アルバム『good morning』リリース

この『good morning』っていうアルバムは――自然にしてるとこういうことなんでしょうかね? 攻撃的でいながら、敢えて奮い立たせてる感じでもないじゃないですか。ややおかしみがあったりとか、怒ってんのに笑っちゃうみたいなところとか……たぶん、本質的なところが一番出てるアルバムだなあと思いますね。

その中でも、やっぱり攻撃的であるっていうことですよね。聴く人にとっては異様な感じがするかもしれないですけども、これほど解放されることはないですねえ。

僕は〝悲しみの果て〟の時に「これは余技だ」って言ったんですけど。なんでかって言うと、当時契約が切れてましたんでね。Mr.Childrenとか、小沢健二とか、ORIGINAL LOVEとか、スピッツとかさ、奥田民生とかね、みんな僕と同世代だったり下だったりする人たちが――年齢的によ?――たくさんヒット曲を出していたんですよ。4年ぐらい前、96年とかそのあたりですけど。

その時に、「俺はMr.Childrenになるんだ！」と思ったんですね。それはつまり、いい意味での歌謡ロックというか——まあ本人はそういうことを言うと怒るかもしれないけど、僕から見るとすごくいいバランスのことをやってる人たちなんじゃないかと。「単純に売れようと思うのであれば、ちゃんとテレビに出たりとか、ラブソングを歌ったりとか、そういうことをしなければいけないんじゃないか？」っていう風に自分で思い込みまして——やり始めました。テレビにも出る、ラジオにも出る、キャンペーンもやる、雑誌も『ROCKIN'ON JAPAN』だけじゃなくて他のも出る。その頂点に、ドラマの主題歌っていうのがありました。やっぱり、契約を切られるっていうことで自信を失ってたんでしょうね。

まあ「余技だ」って言っちゃったのは、〝悲しみの果て〟を好きな人に対して失礼な言い方でも何でもないです。「余技だ」って思っても、別に余技じゃないんですよ？　だって本気で作ってるんだから。その時は「それでやるのが絶対正しい」って思ってましたから。

本当の自分じゃないところで勝負する、要するにMr.Childrenみたいになるのがカッコいいっていう——これ、悪い意味じゃないですよ？　いい意味で僕は言ってます。で、ドラマの主題歌っていう頂点で、売れたんですよ、ラッキーなことに。

僕は有頂天になりました。なぜなら、「こういう風にやればたぶん売れるだろう」と思った方法でちゃんと結果が出たっていうのは、それはそれで非常に達成感があったし。まして〝今宵の月のように〟っていうのは、非常にクオリティの高い曲だったもんですから、当時の僕としては最高の形での曲が仕上がって、それが売れたっていう事実は嬉しかったです。

そんな時に、僕はNHKの『ポップジャム』っていう番組を観たんです。その時はGLAYが出てました。

僕は売れてますし、街を歩けば「宮本さんだ！」ってサインを求められたりとか、お金もいっぱい入ってくるとか、そういうのは非常に嬉しかったんです。

ところが、そんな時期にGLAYを観ましてね……僕のそういうちょっとした喜びを打ちのめすような、もう根底からショックを与えるような、テレビサイズの尋常ならざるオーラ——要するにGLAYのテレビの中でのすごさといいますか、ギラギラしたGLAYのすごさを、僕は目の当たりにしたんです。

俺はGLAYを見てですね、3日間具合悪くなっちゃったんですよ。「これはどうあがいても、この方法論で奴らに対抗することは不可能だ、太刀打ちできない！」って。

要するに、テレビに出たりとか、ラブソングを歌うとか、自分で「余技だ」って言っちゃってる方式で彼らに対抗することは不可能である、と思ったからなんです。「自分は間違ってたんだ！」っていう風に思ったから、3日間具合悪くなっちゃったんです。

彼らは余技じゃないんです、本気でやってるんです。だから素晴らしく、またみんなの心を掴むんだよね。とんでもなかったですね。おこがましいっていうか。「Mr.Children

とかGLAY方式っていうのは、自分にとって本流じゃないな」と。

それはまた、自分が「バンドでやってる」っていうことを見てもわかるんです。『ココロに花を』と『明日に向かって走れ』はバンドで演奏されてるんですけど、それはすなわち、僕にとっては余技なんですよ。

なぜなら、僕はその前の『東京の空』のレコーディングが終わった時に、トミと石君に『君らがこのままの演奏をしてるんだったら、アルバムの中でみんなと一緒にやるのは金輪際ごめんだよ』とはっきり言った記憶があるんです、トミの部屋で。

にもかかわらず、『ココロに花を』と『明日に向かって走れ』ではバンドで演奏してるんですよね。だからこれ、誤解を恐れずに言うならば、すべてが余技なんですよ。契約が切れたことによって、本当は『東京の空』の次に打ち込みでやってるアルバムが来るはずなのに、サウンド的に2枚、足踏みしてるんです。

ただ、それを補って余りあるもの——「よーし、じゃあバンドでもう一回やってやろうじゃないか!」とか「よーし、テレビも出てやろうじゃないか!」とか「プロデューサーのプラスアルファも受け入れよう!」とか、全部が上手く行ったんです。

それはあくまで僕の中での余技であって、結果的に全然余技でも何でもない。佐久間さんも僕も含めて、誰もが一生懸命やってるわけだから、これは余技どころか、それ自体は素晴らしかったんです。

でも、おそらくその方法論でやったところの頂点である〝今宵の月のように〟っていう楽曲を引っ提げて、まさに象徴的なテレビという場所に出てる時に、GLAYを観て「これはダメだ、本流じゃねえんだ」っていう風に思いました。

まあ、それはもともとわかってたことですけどね。音楽的には自分でやらなければ、俺はストレスが溜まって具合が悪くなっちゃうっていう。

『東京の空』と『生活』の時にはもう、やり方としては今度のアルバムに近いんですよ。『生活』はいきなり僕が――まったくのド素人が全部ギターを弾いちゃってる時点で、すでに「ひとりでやりたい！」って思ってるのが見え見えですよね。

だからって、みんな誤解しないでほしいんだけど、それはバンドじゃないって意味じゃなくて、音楽的にはそれが一番ストレートで、むしろいいことなんですよ。だからみんなも当時から「そうだね」っていう風に言ってたし。

だけど、契約を切られるっていう不思議な偶然の出来事によって、ガムシャラなパワーっていうか、1stアルバムにも似たすごいパワーがバンドの中に生まれたもんですから。「バンドで絶対売れてやろうぜ！」っていう風に、僕ら4人とも思ったんです。

でも、そのGLAY事件の後、やっぱり「どうすりゃいいんだろう？」なんて思って……僕は突如として、バンドでリハーサルするのをやめましたからね。それから、石君と自宅で打ち込み作業をやるのが楽しくて楽しくて仕方なくなったんですね。それは『愛と夢』

ってアルバムなんですけども。

僕がやってた『愛と夢』のデモテープ原曲は――もちろん攻撃的なものではなかったんですけど、もうちょっと強いニュアンスだったんですよ。だけど、そこまで踏み切るには、自分の中で自信がないというか。

だから、打ち込みなんだけども佐久間さんと一緒にやったんで、結果的にはある種の味わいのある、もともとのテイストとは若干違ったものになってるんですけども。サウンドに関して佐久間さんを頼ってた部分があって、その分だけ自分の弱さが出ちゃったっていう感じがありますね。

『愛と夢』で打ち込みというやり方を導入したのは、自分にとってすっごい革新的なことだったんですね。それまで二の足を踏んで、打ち込みでやることができなかったし、打ち込みがどういうものか、僕はまったくわからなかったもんですから、佐久間さんの力を借りて一緒にやったわけですけども。

ただ、石君とふたりで昼の11時からね「石君、野菜炒め作ったよ」ってやってたり、夜メシ食いに行ったり――ちょうどワールドカップとかやってたからさ、たまにサッカー観ながら、明け方の4時までふたりでやってる打ち込みの作業ってのはね、非常に充実感があったんですね。

1stアルバムの時に山中湖とか河口湖のスタジオで、嬉しくてたまらなくて、みんなで焚き火して夜明けが来るのを待ってたりとかね。あるいはバンドの結成の時に、誰もいない真っ暗な当時のお台場で、みんなで乾布摩擦して結成式を行ったりとかね。それにも匹敵する、むしろ勝るぐらいの音楽的な喜び——友情とかじゃない、もっと自分の中で興奮する、グレードが高くて至福の喜びに近い何かが、石君との『愛と夢』のデモテープにはあったんです。

もう、「こんな簡単に曲ってできるのか！」って思いました。「いい加減に」って意味じゃないですよ？　「こんなに楽なのかよ⁉」と。

バンドでこうやってああやって、っていうと——僕の中にはバンドが前提にあったから当たり前なんですが——僕にもつかないバンドにもつかない、中途半端な精神状態でやってたものがですね、「これでいいのかよ⁉」っていうぐらいに楽だったんですね。

まあ、僕は変にストイックっていうか、マゾというか、そういうところはありますけども。「夏はクーラーじゃなくて自然の風だ！」的なね。車だって乗ってりゃよかったかもしれないのに「徒歩だ！」みたいな。

本当は僕は徒歩の方が正しいと思ってます。ただ、今の東京で車の排気ガスと、この膨大なコンクリートの——それこそコンクリートジャングルとはよく言ったもんで、そん中で歩いてるのは絶対に不自然なんです。自然に行けば、車に乗ればいいし、クーラーつければいいしっていう。

だから、火鉢がバンドだったんですね、僕の中では。それがなくなって、ファンヒーターを入れたら暖かかったたし、風邪も治るんじゃないかって思ったし。山崎さんの新年パーティーで倒れて9度6分の熱出した時に(笑)。要するに、「情緒とは何か」を求めての火鉢だったわけなんですよ。

僕、火鉢だって好きだから今でも使うんだけれども、寒ければ暖房をつけるんですよ。前よりは自然体なんです。だから、石君とふたりで作った『愛と夢』のデモテープは自然体だったんですよ。火鉢ではなかった。

でも、歌詞の作り方に関しては、まだ〝悲しみの果て〟方式——僕がコンプレックスを抱いていたラブソング方式を導入してるんですよね。それはまだリハビリが済んでない状態っていうか……『ココロに花を』以降、自分の生活パターンはほとんど変化してなかったですし、そこまでは至ってなかったんでしょうね。

『愛と夢』の時には、「ラブソングを歌わなければ売れない」とか「売れないと、契約をまた切られるんじゃないか」っていう恐怖感から立ち直ってなかったんだと思います。また同時に、「そういうものがいいんだ」って思ってる自分もいましたよね。

ただ、それを極端に僕がやってしまうことは正しくないんですよ。もうちょっと自然にやればいいんですよ。ラブソングにしたって、僕なりのものが本当はあるのにもかかわらず、「かくあらねばならない！」っていう方向に強引にやってる部分が見えるの。

たとえば〝ヒトコイシクテ、アイヲモトメテ〟とか〝おまえとふたりきり〟とか〝真夏の星空は少しブルー〟とか、詞と曲が非常にマッチした佳曲もあるんですけども。それに関しては、歌詞もグレードの高いものになってるんですね。

でも、そうじゃないものもあってもいいはずなのに──『生活』だってそうでしょ？ それは全部を〝晩秋の一夜〟と〝遁生〟のトーンで生きてるわけじゃないんだから。それ本当はその技術がなくてできなかったのと同じように、『愛と夢』の中でも「これぱっかりじゃないよな」って思いながらも、どこか自分を卑下してるようなところがあったんですね。

そこまでわかっていながらも、僕はまたバンドでやろうとしてた時期がありました。

〝so many people〟──このアルバムに入ってる〝so many people〟とは違う、岡野ハジメさんと一緒にやったバンドバージョンの〝so many people〟では、一時期はマニック・ストリート・プリーチャーズをやってるマイク・ヘッジスっていう人にプロデューサーを頼もうと思ったりしてて。

それは結局、場面を変えるだけの小手先の作業でしかないって気づいたんですけども、それまではバンドでやろうと思ってました。危なかったですよ。

僕が肌身離さず持ち歩いてた、打ち込みのデモテープあるでしょ？ 僕はあれをそのままレコーディングできればいいと思ってたんだけど、その方法を知らなかったの。それは〝ガストロンジャー〟で初めて知ったの。

あとはねえ……車の免許取ったのもデカかったですね。だって箱根なんてさ、一時期は箱根登山鉄道とか乗って行ったりしてね、「こんな汚えとこ、何が面白くてみんな来んだよ?」って俺は思ってた。江戸時代の方が歩いてる分にはいいに決まってんじゃん! だって歩くしかないんだから。

浮世絵だってそうでしょ? 美しいコピーをする印刷技術がなければ、浮世絵が素晴らしいって思うのと一緒で、暖房がなければ火鉢が素晴らしいと思うのと一緒で、交通手段が基本的に徒歩であるならば、そりゃ「江戸時代はやっぱ素晴らしい!」と思うのは当たり前なんですよ。

ところがこれがね、車の免許を取って、箱根にドライブして帰ってくるとするじゃないですか。綺麗なんですよ、これが。東京近郊で1~2時間で行けて、日帰りもできる。実際、箱根に午前中に行って、午後から取材みたいなことも時々やりますから。

そうやって考えると、ファンヒーター然り、車然り——日帰りできる、その文明の力。それからコンピューターですよね。浮世絵も素晴らしいけれども、コピーも素晴らしい。徒歩も電車も素晴らしいけども車も素晴らしいと。また車から展開される風景が、徒歩の風景とまったく違うということのすごさ。街が美しいですからね。

僕は別に夜景は好きじゃないんですけども、たとえばレインボーブリッジから見た夜景は、おそらく(歌川)広重の『名所江戸百景』の中でも、みんなが喜ぶ桜の季節——僕は桜もそんな好きじゃないですし、富士山もそんな好きじゃないですけど——それに近い光景。そこに現代の、日本の、東京の姿が見えたんですよ。これはデカいっすよ。そん時はまだ、「バンドでやるかどうか」って悩んでる時期だったんですけども。

ところが、「やっぱり今の風景よりも、浮世絵の風景の方がいいんじゃないか?」って思っちゃったのと一緒で、バンドに対しても煮え切らないとこがあったんですかねえ。一種の逃避ですよね。石油ファンヒーターを受け入れるのが恐ろしく、車を受け入れるのが恐ろしかった。だから歩いてたっていうか。

でも……自分の音楽が、今までとはまったく違うやり方で表現できるようになっていくにつれて、歌の中から浮世離れしてる感じが一気に減ったんですよね。なんか、「俺だって社会の一員だ!」って思えるようになったんだよね。

「俺は何なんだろう?」ってあるじゃないですか。僕は〝good morning〟の中で《なぜだなぜだ オレの 存在理由探して》って言っていて……これクサいセリフなんだけどさあ、俺は好きなんだよ。

なんか、ずいぶん憑き物が落ちたんですよね。必要のない自己顕示欲っていうかさ。ちゃんと勝負して、自分なりの結果を出して、「俺はこれだ!」っていう姿って、負けてても勝ってても潔いじゃないですか。ただ、僕は勝負を避けてたんですよね。偽アウトローっていうか。勝負をしてないのに、成功も失敗も知らないにもかかわらず偉そうになってたっていう。

「本当は俺ってやるとすごいんだけど、これぐらいでどうだ?」みたいなさ。そういうところでやってたものが、「これ出しちゃったらバンドにも逃げられないし、佐久間さんにも逃げられないし、俺がいいとか悪いとか言われるしかない。だけど、これはすごく自然で、爽やかにできてるじゃないか」って思った時にはさ、やっぱりある程度の覚悟ができるじゃない?

今までだったら「ドラムがイマイチだったからさあ」とか「佐久間さんって一緒にいると気を遣うんですよ、立派な人なんで」とか言い訳できたんだけども、「そういう言い訳がまったく成り立たない状態でやらなきゃいけないんじゃないか」っていう覚悟みたいなものが出てきたんだよね。

だって俺、土俵際ギリギリだと思ったんだよ。テレビ番組の雛壇に並んで、みんなと比較されることだけが——それも表面的には言い訳のきかない場面に身を置いてることになるかもしれないけど——一番本質的なところで音楽で言い訳のきかない作業なんじゃないかっていう。

だって、俺は自分でやってるんだから。サウンドに関してはひとりでどんどんやっていくっていうことが、結果的に勝負をしてるっていうことになってたの。それが勝負。

いっつも肌身離さず自分のデモテープを持って歩いて「これが俺の新しい曲なんだよ」っていつでも人に聴かせられるようにしてたのは、たぶん「これこそが俺のほんとの曲なんだ」っていうことですよね。

「ひとりでやる」って言っても、コラボレーションはしてるんです。エンジニア然り、コンピューターのエンジニア然り、プロデューサー然り。だから、僕のやりたいことを「どうやったら実現できるんだ？」って考えてくれる人のグレードが、少なくともバンドよりアップしてるんですよね。

ただ、僕の行きたいサウンドがはっきりしたことによって――要するに「ひとりでやるんだ！」っていう方向が絶対的にあるからこそ、みんなすごく協力的なんですよ。もう、みんな喜んでたもん。本当はどう思ってるか知らないけど。

で、歌詞はね、サウンドがちゃんとすると――「ロックだな」と思いました。「ああ、これをやるために、俺はバカみたいに音だ音だって言ってたのか！」って思った。

嬉しかったですよ。だってねえ、こだわりがないんだもん。まあ、稚拙ではあるけれども、現段階で非常にストレートなものに近い状態になってるサウンドに歌詞を乗せる作業は……嬉しい作業でしたね。これが一番嬉しかった。「なんだ、俺こんな歌詞出るじゃん！」みたいな。自分で無意識に背負ってたキャラクターとか芸風から――まあ「完全に」とまで行かないけど、かなりの次元で解放されてます。それもサウンドがあるからですよね。

ほんと、サウンドって土台だねえ。少なくとも何か共通のものが、みんなの中に見えてないと――それはレコーディングに関して言えば、メンバーよりもエンジニアとかの方が、僕の言ってることを理解してたんですね。非常に楽しかったですね。

僕はねえ、久しぶりに自分のアルバムで泣きましたよ。２ndの当時は〝待つ男〟の世界が好きだったから泣いてたけど、久しぶりに泣けましたねえ。

歌詞もデモテープ作りとまったく同じで、とめどなくできてきましたねえ。《東京はかつて木々と川の地平線》（〝武蔵野〟）っていうのがいいよねえ、よくわかんないけど。これ、普通は《地平線》って言わないもの。《クリスティーヌ お目覚め》（〝good morning〟）に近いですよ。これ今までと似て非なるものですよ。すっごいドライだもん。僕、この歌詞は好きですねえ。

俺、《俺達は 確かに生きている》（〝武蔵野〟）って言ってるけどさ、今は本当に生きた心地がしてるよ。喜怒哀楽が激しい激しい。よく泣くし、よく笑うし、よく怒るしねえ、気持ちいいです。目が覚めてる、今はね。この先またどうなるかわかんないじゃない？でも、現段階ではすごく解放感があるんだよねえ。すごく自然体だと思うよ。

だけど、小渕首相（当時）がさ――いや、本当のこと言うと俺、小渕首相のことは嫌いじゃないんだよ。でも、片岡鶴太郎と一緒にテレビに出てるところとか見たりするとさ、日本の首相って権限があって、本気になればすごく使える権力も持ってるくせに、「いてもいなくてもいいんだなあ」っていう風に思わない？

いい人なんだろうけどさ、小渕首相自体は悪じゃなくても、存在としていちゃいけない人がそこにいるっていうのは、非常に悪だと思うんですよ。だけどさ、そういうのを噴き出しちゃうとこれ、結果的に特攻隊になっちゃうような気がするから、希望があるかないかっつったら、あんまないような、あるような――わかんないですけどね。

まあ、僕が自分でやり方を見出したように、どっかに頭のいい人がいて、島国であることも全部代表して、もっと新しいことを見せてくれる人がいるのかもしれないけどさ……まあ、音楽以外のことを言うとこそばゆいけど、小渕首相って一番わかりやすいじゃないですか。「ああいうもんなのかなあ？　そんなもんじゃないだろう」っていう。どうでもいいから、ああいう人がなってんでしょう？

だからと言ってさ、はっきりものを言うすごい人がなっちゃってごらんよ。摩擦で大変だから。《ソーメニーピープル 革命も瞬間の積み重ね》（〝so many people〟）じゃないですか。ただ、都知事だけでもね、青島幸男じゃなくて石原慎太郎になってるのは絶対進化してると思いますよ。っていうのは、少なくとも意志を持ってる人が偉い方がいいっていう風に、東京だけでも思ったわけでさ。


最近は俺、「ロック」って言っちゃってるもんねえ、「俺はロックじゃない」とか言ってた男が(笑)。だから俺が主体だと、「俺がロックだ！」って言っていいんだよ。言えるようになったんだよ。やっぱり、自分のことを解放するのはいいですねえ。

俺、勘違いしてたんだよ。奥田民生が楽な方に行ってるように見えるっていうか、フニャ～ッとしたアルバムがカッコいいのはさ、あの人はああいう人だからでしょ？　スピッツだってさ。それで言うと、俺は自分を解放するとこういう風になるんだよ、きっと。緊張感もありつつ、だけどなんか陰湿じゃないっていうかさ。

なんでこういう風になったんですかね？　だけど、まあ引きずってるところはあるよ。だって、バンドどうすんだよ？っていう(笑)。どうなっちゃうんだろうねえ……。

でも、やっぱり僕の方が、海外の人たちよりも複雑っていうか、器用じゃないですか。できちゃうんだから。だって、〝悲しみの果て〟を作ろうと思って作る奴ってすごいぜ？〝今宵の月のように〟を作ろうと思って作る奴ってすごくない？　それで〝ガストロンジャー〟も作って、〝遁生〟も作って。あり得ねえよ。「俺は一体何なんだ!?」って途中で思いましたよ(笑)。

だけどやっぱり、〝ガストロンジャー〟とか〝コール アンド レスポンス〟みたいな曲を歌ってる時の自分が、一番楽なんですよね。肩肘張って見える方が、肩肘張ってないんだよなあ。

「俺には生活感がねえなあ」って思ってたんだけど、それは当たり前ですよね。人の後ろに隠れて何か言ってたんだからさ。サイズに合ったことをやってる人って、カッコいいよなあ、本当になあ。

それにしても、〝good morning〟の歌詞はすごいですね。《東京Cityhunter》とか。《朝まで オレ マシュマロ クリスティーヌ お目覚め》……くだらねえなあ(笑)。でも、この一行いいじゃないですか。〝珍奇男〟みたいな人情味がないでしょ。〝珍奇男〟って人情味があるもんね。「首都・東京のお祭り」みたいな感じですよね。

僕はね、『ココロに花を』の時は、世の中は変えられないと思ってました。「俺らが音楽っていうサイズを使ってやるのは、こういうことなんだろう」ってやってたんですよ。だけどね、音楽でちゃんと覚醒することもできるし、世の中を豊かにすることもできるし、悲しくなることもできるし……もっと言えばさ、音楽で本質的にちゃんっと変えられるんですよ。

僕は音楽を卑下してたんです。政治家が政治をやるもんだ、音楽家は音楽で、そういうレベルでみんなを楽しませるものなんだっていう。だけど、音楽っていうものは、それこそ世の中を包み込んでしまうぐらいのパワーを持ち得るんだ、っていうのをすごく感じてるんですよ。音楽が武器たり得るっていうかさ。

僕だって、素晴らしい音楽を聴いて――まあ残念ながら、人の音楽でそこまで思いを強くしたことないんですけど――もっと覚醒したいし。優れた表現というものは、あらゆるものに作用するっていうか、強い影響を持つであろう。そういう風に思って、このアルバムを作りました。

僕はね、音楽は戦いの道具じゃないから、たとえば橋で――まあ僕が作るわけじゃないですけどね――交通が便利になるようにするとか、一度護岸されたものではあるけれども、崩して草地にするとか、そういう具体的なものは、自分が政治家になってやることなんじゃないかって思ってましたし、そこは自分の中でもビジョンを分けてました。

ところがですね、違うんですよ。音楽を含む表現自体が、そういう力たり得るっていうことなんですよ。少なくとも、僕にできる最大の戦闘方法だし。だから、「何しろ表現が一番の力なんだ!」っていう、ある種の確信を持って作れたんですよね。それは〝ガストロンジャー〟とか〝コール アンド レスポンス〟とか、〝so many people〟の後半の歌詞であるとか……すごく本質的なところだと思います。

きちっと世の中の現実で生きているにもかかわらず、なんか隠れて生きてるのは卑怯というかさ。「本当だったらこういうことができるのに」って思いながら生きてるっていうのは情けない、と思ったんですよね。これを抱えたまま何十年か後に死んだら……ゾッとしますねえ。その状況だと僕は死ねないですね。

急須買いに行ったのもね、あれは思い出として楽しかったんだけど。俺さあ、今回レコーディング入った途端に、浮世絵だの急須だのって考えなくなっちゃった。「俺ってこんなに音楽好きだったの? こんなに夢中になれるの?」っていうぐらい。常軌を逸してるんですよ。まあ、それは今も続いてますけど。もうプロトゥールスさえあれば、身ひとつあればいい!っていうぐらいのもんですよ。「この身ひとつあれば音楽ができる!」っていう。僕はねえ、ハッピーです。アイ・アム・ハッピー。

僕が本当に求めるものは、僕が作ったものじゃないとダメだっていう……それは思ったなあ。っていうかね、それを考える暇もなかった。「俺は音楽のことを好きなんだ」っていう風に思ったのは最近ですから、レコーディング中はそれさえもなかった。だから、浮世絵も急須も逃避だよ逃避。それはわかってた。本当にもう、売り上げとか急須とか、些末だよなあ……。

このアルバムをツアーでやるのは大変だと思うんですけど……僕、だんだん楽しみになってきました。自分が〝武蔵野〟を歌ってる姿とかイメージできましたねえ。

まあ〝ガストロンジャー〟はすでにやってますけど、〝眠れない夜〟とか〝ゴッドファーザー〟とかをやってる自分の姿が、さっきふと目に浮かんだんで――まあ〝ガストロンジャー〟方式になると思うんですけど。要するに、リズムの絶対的な部分は機械で、バンドのエッセンスを入れるっていう。それを自分の中でちゃんと信じてできればですね、解放感のあるライブになる感じがしたんですね。

ただ、このアルバムが終わった時の解放感っていうのが、自分の中で興奮でもなく自負でもなく、非常に普通だったところが良かったと思いますね。興奮してないんですよね、普通なんです。

ロックはイコール革命ですよ。別に何でもかんでもロックンロールじゃないけど、そういう意味じゃなくて、僕は革命だと思いますけどね。

「革命」っていう言葉は古いかもしれないけど、「破綻」とかさ。破綻っていうのは……死ぬしさ。ちょっとカッコよすぎるかもしれないけど。

葬祭花環

カンバン注意!!
OPEN
当店で
人気ゲームソフト
販売中!

第三章　『ライフ』——歌と生活を貫く照準

普通の日々

Baby　幕が上がり　街や人や　色んなもの
いつも通り　あたりまえに　動き始めていた

Baby　用意された　舞台へまた　出かけてゆく
悲しい訳もない俺は　静かに歩いてた

普通の日々よ　どよめきもなく
後悔も悲しみも　飲み込んでしまう時よ

Baby　夜の静寂《しじま》　車の影　通る電車
悲しい訳もない俺が　静かにうたってた

普通の日々よ　風の向こうで
さまざまな想いが　霧のようにひそんでいる

Baby　今日が終わる　外は少し　雨が降ってる
風のように　空のように　あなたを想った

胸の奥にしまってばかりの　臆病な俺は
心の中いつも描いてた　街を人を時を　すべてを　思い出そう
Baby　幕が上がる　俺はきっと普通の日々から
あなたを想って　うたをうたおう

この国にはロックに命がない。だから苦しくてしょうがない

——2000年6月21日、「超激烈 ROCK TOUR」沖縄ファイナル終演直後

得体の知れないライブでしたねえ、なんかねえ(笑)。東京と、この沖縄、一番特殊だったと思いますよ、極致だと思います。

でもね、〝ガストロンジャー〟と〝武蔵野〟と、〝コール アンド レスポンス〟、その3曲にはね、もう圧倒的なクオリティがあるから、何の問題もないね。

それで僕は、自分の歌詞をライブで、みんなの前で歌って自分で確認できました。自分の歌詞が、絶対に非常に現代的っていうか——要するに「現代のもの」としてちゃんと届いてくもんだっていうのを、僕はライブを通じて確信していったんですよ。

今日なんか僕ねえ、〝星の砂〟なんていう曲を——何年ぶりにやったかわかんないですけど——ちょっとやってみてね、〝ガストロンジャー〟であるとか、ああいう僕の打ち込みのリズムと一緒に出てるものと比較した時にね、圧倒的にパワーがないっていうことを、僕は思いました。それは曲云々じゃなくてね、ある種ライブに関しても、懐メロの次元にまで感じちゃったな。

でもね、思うんだけど、そのバンドの青春は終わってるけどね、男はそっからまた生きてかなきゃいけなくてさ。まあ、僕らの個人個人にもあるじゃないですか。何て言うの？闘いっていうかさ、青春と現実との葛藤が。

やっぱり、それを乗り越えて、さらに僕はパワーアップしていくっていうとこがあるんですけど。でも、バンドはパワーアップしてないんだね、まったく。でもね、僕はあのバンドと一緒にやりたいんですよね。だから、わけわかんないです。

そういった意味では、すごい絶望感を僕は確信し始めてるわけですよ。

自分が『生活』の中でもう、〝遁生〟だなんだっつってね——あれはイメージの中での絶望感だったんだけども。それがもう、僕も34ですからね。そうするとやっぱり、その絶望感が確信に変わっていくわけですよ。

何だかわかんないけど絶望していく、俺は何なんだ？みたいな。だからその……「自分が権威になっちゃおう」とかさ。

あのね、僕は権威を全然否定はしてないんですよ。自分は権威っていうものに向かっていきたいんだけども、自信もない、力もない。でも、それを商売にしてますしねえ。

だから、やっぱりロック屋ですよ、ほんと。

で、ロック屋稼業じゃ売れねえんだこれが。また難しいもんでねえ。難しいんだほんとに。困っちゃってますよね。

日本人ってやっぱり争いごと嫌いやね、僕も含めてだけど、って風に思いましたよ。

「争いごと嫌い」っていうか、「争いのテーマがないよな」っていう風にも思ってます。そうすると、僕らロック屋が生きていくのって、なかなか難しいところはありますね。現実に抗うテーマと理由が、わかりやすい部分では目の前にないよね。また、それを好まないよね、僕らはね。で、僕らは「争いのテーマがない」っていうことの、自分自身のもどかしさとの闘いを繰り返してるわけなんですよ。いい国なんですよ、豊かだしね。

そういう意味では、日本国というこの島国に住んでる人たちは、やっぱりこう、優れた資質っていうものは持ってるなと(笑)。それがまた、攻撃を好まない洗練がね――それをこの『good morning』っていうアルバムを出したことによって、自分もすごく強く感じてますよ。

だから結局ね、そのロック屋の行き詰まりじゃないけどさ(笑)。僕もそういうものを、対・体で持ってるしさ。森首相（当時）のこと（「無党派層は寝ていてくれればいい」発言）も別に――あんなのナメてるよな、みんな。

だって、俺たちの方が強いんだよ、やっぱり。強いからさ、あんなの何を言ったたっていいんだ。寝言だって何だってさあ。森さんがつまんないこと言おうが何しようがさあ、僕らはあんなの、まだ笑ってられるんですよ。本気であんなの怒ってなんかいないっすよ。

これ、誤解をしないでほしいんですけどね……たとえば金大中にしろ、石原慎太郎にしろ、エンターテイナーですよ。僕ら庶民から見た場合にね、断然面白いもの、森首相とかよりもさあ。

たとえば金大中が、朝鮮を統一することを第一目標にして、政治家として生きてきて、選挙に3回落ちてね、最後の選挙にまで落ちて、国会議員まで落ちて。で、アメリカで評論家になって。韓国が経済も何も歪んできちゃったところで、帰ってきて大統領になって——みたいな。非常にエンターテイナーですよ、僕らから見たら。

ストーリーですよね。目の前にあるそういうストーリーが見られる。非常にそういった意味でね、あれはある種、本気でやってるからエンターテインメントなんですね。

そう考えると、僕はエンターテインメントになりたいです、そういった部分で——これまたロックを基本にしてたんですけどね——っていう風に僕は思ってます。

ロックがポップミュージックであるっていうことは、血走ったエンターテインメントでもある——みたいな希望的観測は、僕にはないんですよ。

少なくとも、ロックに命がないんですから。そりゃあ僕も含めてですけどね、命が非常に希薄ですよね。それは日本だからなんですけどね。むしろ、安室奈美恵であるとか——僕は好きじゃないけども、モーニング娘。の方が、全然みんなにとってはポップミュージックですよね。

で、ロック自体に——たとえばレイジ・アゲインスト・ザ・マシーン的な、説得力のある、またわかりやすい、人種の対立の問題がタイムリーに届いてく面白さ、そこからまた何かが生まれてく面白さっていうものは、日本人にそれを望んではいけないと僕は思ってまして。

だから、ロック屋っていうのはむしろ——僕も含めてだと思うんだけども——これはなかなか存在しにくいし、どうなんだろう？っていうとこはありますよね。

僕が言ってることが届いてないっていうのがわかったのは——金大中、レイジ・アゲインスト・ザ・マシーン、それから（ビル・）クリントン。これは全員エンターテイナーなんですよ。ところがね、たとえばTHE YELLOW MONKEYは全然エンターテインメントじゃないよね、そういった意味では。僕が言ってんのはそういうこと。

だから、ロックミュージックだし、ポップミュージックだし、僕らを確かに救ってくれる。僕はTHE YELLOW MONKEYの音楽も大好きだしさ。でも、それがたとえば社会をね、本当に盛り上げてさ、楽しませてくれてるかっていったら、そういうことじゃないんだよ。

それはロックバンドが悪いんじゃないんだ。僕らが悪いんじゃないんだよな。だから苦しいと思うんだ——っていう部分です。さっき「豊かだ」って言ったけど——要するに、僕ら自身に力がないんじゃなくて、僕らがそんなものを望んでないんですよ。

で、じゃあ僕はどうするかですよね。そうするとねえ、これはやっぱり、自分で「もういい」って思ったら、音楽をやめちゃうんじゃないですかね？　それは諦めっていうか、もうやりようがないですよね。この国に存在してる意味がないって風に思うし。

まあ、それはわかんない。60になってからか、70までやるか知らないですけどね(笑)。

そういう風に僕は思いますね。やめちゃうんじゃないですか？　そう遠くない時期に。いや、今はやめないです！

やっぱり、「化けの皮剝がす」って、人の化けの皮を剝がすんじゃないんだよね。やっぱり己のね、てめぇの化けの皮剝がしに行くわけですよ。

でもねえ……化けの皮剝ぎすぎちゃうと死んじゃうしさあ。どっかでバランスを取っていかなきゃいけないんでしょうね。まだ僕、死ぬ気は全然ないですけどね……うーん、難しい！　なかなか難しいよなあ。

俳優、やってることはやってます。

だけど、俳優には絶対ならんですよ僕は。いや、なれんですよ！

いやあ、びっくりしますよ。自分がテレビに映ってて、あいざき進也みたいな顔しててね。ただあれもねえ、バンド全体の流れがスーッと行ってると、たぶん全然違う風に見えるんだと思うなあ。そういう意味じゃあ、勉強――「勉強になる」っつっちゃったらねえ、なんかみんなドッチラケちゃうけどさ、読んでる人はさ。でもねえ……何でしょうねえ？　だけど僕、一生懸命やってますよ？　あのー……でもさあ…………虚しいよな。

これはやっぱり、なんかバランスを取りたかったんじゃないですか？　〝ガストロンジャー〟で片足突っ込んでたからね。説得力ありますよ――っていう風に僕は思った。テレビに出るのもそうなんですよね。トーク番組に一生懸命出たりするのも。これは変に計算してるって思われたら困るけど、自然ですよ。

自分の中でバランスを取んないとさ。《死刑宣告》（〝コール アンド レスポンス〟）っつって、それは本気でもちろん言ってるけどさあ、でも自分だって生きてんだしさ。そうやってバランスを取らないと……やっぱりこう、苦しいですよね。コンサートだけでやっていくっていうのはね、不可能ですよ。

ある意味、俳優のこともそうだし、このアルバムもそうだけど、火鉢を一度物置に仕舞って、世間に身を投じたわけですよ。シャープにっていうか、シンプルに生きていきたいっていうところはあるかもしんないですよね。

でも、シンプルになりたいっていうことは、そこにすごく摩擦が生まれやすいんですよね。この体でその摩擦を受けて――だからその、火鉢って隠れ蓑じゃなくてね、非常に現実的な意味での摩擦が生まれてくるから。そういう意味でキツいよね。

だけど、みんな大人になると、そうやって感じていくんだろうね。裸一貫で何とか勝負していくっていうさ。一生懸命に働いて、いい曲を作って……まず、シンプルなものを作るっていうことですよね。音楽でシンプルなものを作って、シンプルなコンサートをやってさ。正直に、自分が一番という風に思ってるクオリティのものを、正直に出していくっていうことですよね、基本はさあ。

あと……僕、音楽とね……郷土の、郷土政治家になりたいなあ！　都議会議員とか。おじいさんになったらね。

でも、金大中にしろクリントンにしろ、孤独ですよねえ。エンターテインメントやってるからって、まったく満たされてなさそうだよね。金大中なんて、まったく満たされてないよね。僕らが想像できないくらい孤独なんだろうね。

僕、金大中が大好きでねえ。カッコいい。だから僕、「統一してくんないかな」って、ほんとに心から思ったもの！　本当に無責任な大衆とか庶民を見ててさ、もう泣けて泣けてさあ、金大中の心を思うとさ。

僕はあの人カッコいいと思うなあ。まあ、クリントンもそうだよね。でもクリントンは若いし、アメリカ人だからさ、なんか心情的に金大中を応援しちゃうんだよね。

だけど……ロックも一緒だよな。僕、耐えられるかな？　たとえばその、〝ガストロンジャー〟をさ、5万人の人がいる前でさ、コンサートやってさ……逃げたくなっちゃうんじゃねえかな？と思っちゃいますよね。10万人の人が〝ガストロンジャー〟歌ってたら、気持ち悪いだろうなあ……。

僕はねえ、反動反動でやってきた男だからね。自分がその矢面に立たされた時にはね、逃げ口上を用意してるんだと思うよ。何だかんだ言って、やっぱり反動でね。

プレッシャーのないとこでは、ああいうクオリティの高いものを作るけど。『愛と夢』の後に誰があんな、誰も予想してないものを――誰も僕に注目してないでしょ？　だから、ああいう〝ガストロンジャー〟みたいなことができるの。

非常にそういう弱さを——それこそ《化けの皮》じゃないけど、引きずってるんですよ。だからきっと、今の僕の精神状態だったら、耐えられないでしょうね。逃げ出したくなっちゃうぐらいだと思います。

だからまず、自分の仮面を剥がさなくちゃいけないですね。勝つにしろ負けるにしろ、やっぱ押してかなくちゃいけないところはありますよね。

ところで今、景気はいいんですかね？　悪いの？

僕は思ったけどね、バブルみたいな時の方がさ、楽なんだよねえ。気が楽。

俺、懐かしくなっちゃってさ。これっていけないんだけど。やっぱり、背負うものが増えませんか？　景気悪い時の方がね。本気度が高くなるっていうかね。

だから、〝ガストロンジャー〟なんていう曲を出す時には、実は僕、ずいぶん緊張してたんですよ。「殺されるんじゃねえか？」ぐらいに思ったんだよ、本当に。全然そんなことなかったけど。

なんか、ひとりで背負ってる気がしてるんですよね。それは変な意味じゃなくてさ。

バブルの時はとっても散歩が楽しくて、たとえば「江戸川が好き」とか言ってられるんだ。でもね、今の僕はそんなこと言ってらんないんだよね。

そういう意味じゃあ、僕らの音楽っていうのはさ——こういう僕らの今のスタイルみたいなのってさ、もしかすると非常に届きやすい、ストレートに届いてくっていうことかもしれないよね。

ある意味屈折した『浮世の夢』的な、自分の青年臭いロマンチックなところに引きこもらないでさ。全部つながって、そのつながった自分として出せてるという……それこそ逼迫感とリアルさがあると思いますね。

闘う対象がわかんない。あの……ないですよ。だから困っちゃう

――2001年3月16日、シングル『孤独な太陽』リリース

今回のシングルの、〝孤独な太陽〟っていう曲は、1月の武道館（「コンサートツアーRock! Rock! Rock!」）でもやってた曲で。

僕は心理的にはもう全然、打ち込みが好きなんですけど。〝ガストロンジャー〟っていう曲は精神的にも、また「打ち込みやりたい状態」としても――根岸さん（根岸孝旨／『ガストロンジャー』のプロデュースを担当）と一緒にやったっていう部分で、クオリティ面での状態としても、あらゆる意味での一体感がね、偶然にもできたの。で、他の曲も全部、非常に気合いが入ってるし、僕はすごく満足はしてるんですけれども。僕のテンションが高いから、そのまま全部やって良かったかっていったら、評判的にはそうでもなかったりとかして。なぜならば、機械の技術っていうのを僕が持ってないところがあったりとかしまして。

そうすると、今度また――間に立つ人っていうか、コンピューターをやる人とかを、僕がまた探してやっていくっていう作業が、非常に……億劫になっちゃったんですね。

僕は打ち込みは好きなんです、本当は。じゃあ今回なんでやんなかったかっていうと、人間のバンドの良さっていうのはさ、また別の次元っていうかなあ……これは常にずっと悩んでるんですけど。

そういう、打ち込みのものとはまた別種の良さっていうものは、人間が関わることによってね、生まれるんですよ。音楽のクオリティじゃなくて――ハートっちゃあ変だけど、情熱っていうか、そういうものも捨て難い、っていうのが常にあったんですね。それの繰り返しなんです、僕は。ある種の甘えなんですけれども。

要するに、「自分でグワーッて行きたい」っていうのと、また「バンドの良さっていうのもあるな」っていうのと……どっかで踏ん切りのつかない、非常に揺れながらの状態だったんですけども。

まあ、今回は曲が割と男っぽいっていうか、バラードだったんで、曲には合ってるかなって思いますけどね、はい。

たとえば〝コール アンド レスポンス〟のビデオの中では、車に乗ってる僕が、もうひとりの僕を撃ち殺すっていうシーンがあったりしたわけですけども。

あれなんかは一見すると、「機械を使ったエレファントカシマシ」が「生身のバンドサウンドのエレファントカシマシ」と決別するみたいな、象徴的な意味合いがあるようにも見えると思うんですよね。

もちろんそういう、「再生」みたいな新しいイメージも、多少はあったとは思うんですけど……それは非常に大きな流れの中では違いまして。

音楽以外の活動みたいなものがね、非常にその……ある種の余裕をね、一時的に僕に感じさせた、っていうのは事実なんですよ。

週刊誌にものを書いたりとかっていうことも、今までやってなかったわけで。ひとつ何か音楽のみでね、ゴリ押しで、ゴリゴリゴリゴリって行かなくても、なんか大丈夫だっていう……それがいいか悪いか、僕にもまだわかんないんですけど。そういうところの余裕みたいなものは、確かにこの〝孤独な太陽〟には入ってるかもしれないですよね。

〝コール アンド レスポンス〟ではそこまで突き詰めて言っちゃってるわけですけども。〝孤独な太陽〟では《死刑宣告》っていうところまで突き詰めて言っちゃりは、何と言うか……要するに「曲をちゃんとやっていかなきゃいけない」っていうのもひとつあったし。それはまた違うバランスかもしれないけども。

うん……でも、どっちの曲も割と切実なんですよね、詞の内容は。

これはシングルっていうよりも、ひとつのアルバムとして考えてもらうと、すごくわかりやすいと思うんですけどね。「僕らの状況はこういった形ですよ」と。

《勝利は俺は全然恐くない》（〝東京ジェラシィ〟）っていうのは……全然わけわかんない（笑）。

でもたぶん、やっぱり「勝利」とかっていうことに、すごくこだわってまして。「勝つ」とか「負ける」とかね、それは内なる権威欲があると思うんだけども。

〝東京ジェラシィ〟の場合は……日本が非常に古い国だっていうところがまずあって。江戸時代の世相のまま世の中が――たとえば着物のまま日本が発達した上に、西洋人も月代剃ってちょんまげ結って、それで和服を着てアメリカ人とかイギリス人が歩いてたらね、それは日本文明の勝利なんだけれども、そうはならなかったっていう部分。

で、僕の言うところの東京っていうのは、遺跡がある東京、かつての東京――もちろん今のアバンギャルドな新宿の街並みとかも嫌いなわけじゃないけど、あくまでもそういった歌ですから。

僕は現状は否定してないです。〝ガストロンジャー〟の中でも言ってるけども、否定はしてないですよ。

でも、僕らがやることっていうのは何なんだろうな？っていうのは常に思いますよね。たとえば戦後だったら、高度経済成長みたいなすごいドラマティックな、信じられないくらいの豊かさとかね、そういう目標を持って生きてた。

僕らにはそういった豊かな――「景気悪い」って言いながらも豊かな日本っていうのが一方にあると思うし。でも、やっぱり「お金を使うこと」しかないわけよ。

やっぱり、お金を使うとすごくさっぱりするじゃん？　何でもいいのよ、女の子はその辺の小物屋さんで小物を買っただけでさっぱりしてると思うし。僕だって、本屋さんに行ってね、文庫本を1冊買うだけですごくさっぱりしたりとかするわけですよ。

だけど、そういった部分でしか「さっぱり度」がない。わかります？

「現状否定」っていうよりは、「どうすりゃいいんだよ」っていうことなんですよ。

国を挙げての努力目標っていうか――まあこれはどこの国も一緒なのかもしれないけれども、僕らが生活している中でも、ひとつ日本っていう部分の、国を挙げての盛り上がりみたいなものが希薄ですよね。

だから、「カラ号令」になってしまいますよね。芸術っていうか、音楽っていうものは、非常に成立しにくいんじゃないかって僕は思う。成立するために、非常に努力が必要な時代に突入しつつある、っていうふうに思います。

結果的に〝孤独な太陽〟も〝東京ジェラシィ〟も、手触りの柔らかいものにはなっているけれども、非常にストレートだし。僕は攻撃的なものよりも、非常に共感を呼びやすいスタイルなんじゃないか、っていうふうに、結果的には思ってますけれども。

僕は、自分の中でクオリティの高いものを目指していながら、到達するまでの過程の混沌としたものを発表しがちなところがあって。結論を明快に——結果的にスッキリしたものを作れればいいってことなんですけども。

そう、だからさっきのレコーディングの話で、「満足してるかどうか」っていうその迷い云々っていうのは、レコーディングの方法論の迷いであって、曲自体には全然迷いはないし。歌詞の部分に関して、また楽曲のクオリティに関してはもちろん、新しい「こういう方向性で行きますよ」っていう片鱗は確実に見せてると思います。

年齢的なものなのか、はたまた時代風潮なのか、その両方だと思うんですけれども、もちろんやる気もあるし、気合いも入ってるんだけども。じゃあ、それをどういう風な形で実現していくか?っていうね、その音楽的な部分の悩みは非常にありますよね。ある種のやるせなさみたいな。

でも、それは多くの人が心のどこかで感じていて……だから非常に切実な部分の、普通の感覚に近いんじゃないか、っていう風には思ってます。特に男性にとってはね。

音楽は「カラ号令」をしてもしょうがないもんだと思うし。特に、ロックミュージックなんかはね。

〝コール アンド レスポンス〟の《死刑宣告》は……まあ《死刑》なんて言うと、僕らの世代だと『がきデカ』とかね、そういうのを思い出しちゃったりするんですけど(笑)。言葉的にはね。

でも……まあ、非常に切羽詰まってたんでしょうね。

たぶん、「死」っていうのは明解な答えだから、それと「生」――生きるっていうことを対照的にしたかったんでしょうね。

だけど、それは非常に難しいところで。日本っていい国だもん。

生命のエネルギーとして、自分の「生きてる」っていう証を明解にしておきたい、っていう想いがあるとするじゃないですか。それを形にするためには、音楽はやっぱり基本的な表現手段だから、その中で非常になんとか切磋琢磨するわけですけども。

本当は――本当はたぶん、ある程度の年齢まで行くと、死にたくなっちゃうと思うんだよね。まあ、ある程度の年齢に行かなくても。実際50歳ぐらいの人の自殺は多いって聞くし。絶望していくよね、特にね。

いや、僕は全然死ぬ気ないですよ！　誤解されると困っちゃうんですけど、ないんですけども。そうならないようにみんな努力するじゃない？　自分なりの証を立てようっていう風にしないと、僕らは……はっきり言っちゃえば、いつ死んだっておかしくないと思うんですよ。なんとか自分で自分を鼓舞していかないと、っていうことはひとつあると思いますよね。

「なんとかしないと、なんとかしないと」って、たぶんそうしないと、僕らは死んでいっちゃうじゃない？　「自分はこのまま死んでいっちゃうんじゃないか」っていう恐れがあるんじゃないですか、心のどこかに。

それは多かれ少なかれ、みんなやっぱり意識してると思うんですよね。

今の女子高校生って、みんなカメラ持ってんだよ。で、すぐ「写真撮らせてくれ」って、その辺を歩いてると写真撮られちゃうんですけどね。たとえばそういうのも、断片を記録しておきたいんでしょうね、「後で見る」っていうことじゃなくて。

死の影っていうのは、女性にとってみれば「老ける」っていうことかもしれないけど、そういう恐ろしさ――それは死に近づいてるっていう間接的な証じゃないですか。まあ、それはちょっと話が違うんだけども。

だから、自分が生きてる証を立てておきたい。そうじゃないと、追いかけられて死ぬ、っていう――そういうところだと思いますよ。〝コール アンド レスポンス〟の、《全員死刑です。》ってわかりやすく言っちゃってるのもね。

死に追いかけられてるっていうのは感じます。

だから俺、もうホームレスの人とか、見てらんないのよ。これは弱音じゃなくてね、非常に切実な気分になっちゃうんですよね。で、あれみんな悔しくなって、若い人が蹴っ飛ばしたりするのもさ、嫌なんだよね。

たとえば、大蔵省（現・財務省）とか通産省（現・経済産業省）とかの人が、悪いことして捕まったりするのも、すごく嫌な事件だよね。大悪がお金を何兆円も着服したっていうことよりも。

税金の一部をさ、5億円とか――わかんないけど、すごい額なんだけども――「8千万円のマンションを買うのに使った」とかって聞くと、「つまんねぇな、お前ダッセえなあ」みたいな……何の話してたんだっけ？　まあ、そういうのがあって。

だから、常に何とか自分を鼓舞していかないと、俺はすぐに退屈にはなると思うんだよね。退屈になったら、いくらだって退屈になれるもんね。

『good morning』っていうアルバムができた時は、非常に緊張感が高い作品を僕は作っちゃったんじゃないかっていう気がして。そしたら全然――せいぜいあるテレビ局で自主規制でかかんねえみたいな、その程度で終わっちゃったけど(笑)。

僕はあの時は、音楽をすごく信じたんですよ、ロックミュージックを。「いよいよ革命だって起こせるんだ！」ぐらいにね、そういうテンションで。

それが理に適ってるとか、適ってないとかじゃなくて、そのくらいのテンションだったの。それで緊張したの、「刺されるんじゃないか?」って。でも、俺だけだったみたい。あと、ああいった形態のロックが好きな人にとってみれば、非常にグサッとくるものにはなったと思う。

僕ね、『bridge』っていう雑誌の連載(『東京の空』)の中で「音楽は最終的に人を鼓舞して、楽しい思いにさせる」っていう風に書いたんだけども。「癒し」じゃないよね。そういった直接的な癒しじゃないんじゃないかって。つまり、破綻があるよね。そういう感覚って、滅多にないと思うんですよ。

そういう、ある種の破壊的なエネルギーに『good morning』っていう肯定的なタイトルをつけたのは——まあ自分も含めて、確認しておきたかったというか、現状をね。スッキリするじゃん。

だから、あくまで『good morning』っていうものが中心にあって、この『孤独な太陽』っていうシングルが補足してるっていう感じなんですよね。

まあ、正直「これだ!」っていう感じではないかもしれない、このシングルに関して言うとね。でも、そういったものは僕はしばらく出せないと思うし、エネルギー的にね。また音楽として出ていくとすると、また別種の方向性になっていかざるを得ない。

同じテンション、同じクオリティのものを作るにしても、『good morning』みたいなものは、もしかすると一生できないかもしれないし……まあ、少なくともしばらくは無理ですよね。

同じ人間がやってるから、もちろんそういった片鱗であるとか、別種の感動を呼ぶ楽曲を作る可能性は十分にあるんだけども。「あれよりもっといいものにしたい」っていう欲もあるし。


やっぱり、勝利しないとつまらんですよ。

でも、闘う対象っていうのがわかんない。あの……ないですよ。だから困っちゃう。


それこそ、いきなり「天皇制廃止」とかっつってもさ、これ全然リアルじゃないし。

もちろん、日々の対象っていうものはあるけれども、それよりも何よりも、個人っていうか、「自分はどうやって生きていくか」っていうところの模索ですよね。

まあそれでも、何かそれを率直に、正直にやってるモデルっていうものがひとつある、っていうのが、非常に勇気づけられるじゃないですか。道は違っても誠実だったり、精一杯にやってる、それも日本の国内でね。

非常に誠実で、真っ直ぐで、結論っていうものがひとつ――価値観っていうのはあるでしょ？　何でもいいんです、社会主義でも資本主義でも何でもいいんですけど、すごく明解で、おそらくは時代のムードに、僕らの感覚に非常にマッチしてて、それが新しい価値観になるじゃない？　そういうものを、さらに音楽の中で示せたら——っていうのはありますよねえ。

いろんなバンドが解散したりしてますけどねえ……僕はあんまり、バンドのことは何も考えないようにしてるんですよね。気が重くなるから(笑)。

いや、解散とかそんなことはなくて。ソロっていうか——だって僕は、『奴隷天国』の頃なんかは真剣に悩んでたもん。「僕らはバンドやめた方がいいんじゃないか」って。

でも、やっぱり単純なことだけどさ……ストーンズが僕はすごく好きだったんだけど、あれって5人でピョッと出て立ってるだけでカッコいいんだよね。別にロックの幻想じゃなくて、そういう初期衝動も僕は持ってますんでね。

でも、ひとつ精神分析的なところで言うとね、若干の不安っていうのがあって。僕はやっぱり、独りぼっちの不安感っていうのを持ってて。臆病な自分っていうかね。ひとりになっちゃうと「俺、曲できるかなあ」とか……まあ、でもそれは違うんだと思う。

打ち込みで〝ガストロンジャー〟みたいな曲を、僕ひとりでも作れるわけじゃないですか。でも、僕のソロの名前でやると、あそこまでのことは歌えないのかもしれない、っていうのは思いますね。

〝ガストロンジャー〟をやるためには、ロックバンドっていうフォーマットってすごく必要で。だから、バンドで作った今回のシングルの方が、むしろソロっぽいような気がしますねえ。

やっぱり〝ガストロンジャー〟の方が、バンド的な必然性が――方法論にかかわらず、精神面ではすごくあるのかなあって。あっちの方が渾然一体となってるんですよ。

今回の〝孤独な太陽〟の方が――非常に単純に言っちゃうとね、演奏に力がないっていうかね。だから、歌を前面に押し出して、歌詞と歌と声でもってる、みたいなふうになってますよね。

あんまりバンドで闘争しようって感じではないですよね。基本的には「俺どうしようかな」って、普段から〝俺〟っていう一人称で考えちゃってるから。でもやっぱり、やってる時は「一緒にやってる感じ」になってるんだと思いますよ。

やっぱり、みんな「いい音楽やりたい」っていう想いでは完全に一致してるから、前提として。割と勢いあるんですよ、僕ら。状態は実は良くて。

〝ガストロンジャー〟の、僕の音楽的なひとつの頂点があったから、「このバンドの人たちはどうやって売れば一番いいのかなあ」みたいな――考えてもしょうがないことなんだけどね、「どうやって維持していくか」っていうかさ。

だから、マーケティングですよ。ロックマーケティングの時期がやってきたみたいですよ、いよいよ。勝利は怖くない——勝利っていうか、そのための作業をしたいですね。後退はしてないですね。堅くなってます。生き残ってみせますよ。

やっぱり、歌で突破していかないと。「歌で突破だ」って、1日37回ぐらい言ってます

――2001年7月25日、シングル『暑中見舞 -憂鬱な午後-』リリース

僕は知らず知らずのうちに、ついつい風景描写とかですね、そういう小説的手法を使っているところがあって――っていうか、まあ好きなんですよね。

光が差してきたりとか、月の情景描写みたいな、そういうものがすごく好きで。特にバラード調の曲になると、そういうものが歌詞にも色濃く出てくる――っていうか、それはまあ「逃げ」でもあり「自分のスタイル」でもあるっていう、両方なんですけれども。

そのやり方においてはたぶん――まあ個人的な部分なんですけど――〝武蔵野〟っていう曲が、僕の中では集大成的な部分が実はありまして。

それは武蔵野の情緒とか、自分が東京人であるとか、文学趣味であるとか……その情緒の中で歌を歌っていくっていう部分の達成感みたいなものが、ひとつあったんだと思うんですよ。

その一方で僕は――みんなはびっくりするかもしれないけど――洋楽志向っていうか、やっぱりサウンド志向みたいなものをすごく強く持っていて。まあ、それは失敗の連続だ

ったんだけれども。

それはたぶん、自分のライフスタイルっていうんですかね、日本人であるっていう——まあ単純に言うと国民性ですよね。「日本人なんだから」っていう、やっぱ国民性から逃れられないと。

で、日本の市場で僕らが生きていくっていうテーマがあってね。まあ、それは小林武史さんにプロデュースを依頼したっていうところの理由もちょっと含まれてるんですけども。

要するに、サウンドの新味であるとか、ディープに自分のアーティスト性を追求していくっていう方法じゃないやり方を、自覚的に——まあ、いちいちそんな考えてないんですけれども、なんか自覚的に、自分の音楽っていうものをちゃんと日本の中でやりたい、売りたいという風に思ったんだと思います。

だから、次の段階に行きたかったんでしょうね。で、その中では小林さんが——まあ、非常に有名じゃないですか。

僕はCharaのYEN TOWN BANDのアルバムがとても好きで。あれは僕は、すごく日本的に感じたんです。すごい緻密な音の作り方だなと。

しかもCharaっていう、女心を感覚的に表現するのが上手い——だからこそ僕ら男にとってみると聴けなかった部分が、小林さんのプロデュースで、ずいぶん聴きやすく僕にも届いてきたんですよ。

　バンドとともにやっていく部分において、やっぱり「佐久間さんとは違った意味での緻密な音にしたいな」っていうのは強く思ってたんで——まあ、そのやり方は非常にオーソドックスなんで実は驚いたんですけれども。ただ、僕はすごくそのままの状態で、非常に思いっきり歌えたんですね、この歌は。


『good morning』っていうアルバムは、エレファントカシマシが一番最初からやりたかったことが、最も純粋に出たやり方だったと思うんですけど。そこに対して「俺たちを冷静に判断してくれ」みたいな気持ちは、確かにあったような気がするんですよね。

　やっぱり、現状を分析し肯定し、それをまたメロディとサウンドに乗せて歌うロックの音楽っていうかね。そういった類いの表現っていうのは、なんて素敵なんだろうって、僕は自分で思えるぐらい——まあ、ある種エゴの部分ではあったけれども——十分にロックミュージックとして、ファンの人たちにはガッチリ届いていったという達成感がひとつあったんですよ。

　それで結局、僕は〝ガストロンジャー〟の歌詞も〝コール アンド レスポンス〟の歌詞も〝武蔵野〟の歌詞も、僕のその段階での自分の想いって全部、存分に発揮できたんですよ。だから、自分の達成感があったんだと思います。

　同時にその、『good morning』っていうアルバムが、ファンの人のコアな部分に届いてったっていうのはひとつ、僕が歌の中ですごく独裁者であるっていう部分と、また歌われてる内容が非常にその――現状認識として非常に先端的であると同時に、すごくポップだったからだと思うんですよ。

まあ、でもやっぱりね、なんかこう、余裕が出たんだと思うなあ。

その、〝ガストロンジャー〟で表現したことによって、ずいぶん大人になりまして。だからねえ……燃えてこない。「それって俺だけのことなのかな?」って思うんですけど。この歌の中の、《俺の両腕 いまだ勝利無く／されどこれという敗北も無く／豊かな国の流浪の民よ》って、これは僕の――ある種〝ガストロンジャー〟と同じか、それ以上に自分の率直な意見としてちゃんと歌われてるわけですけれどもねえ。

「どうなんだよ?」と。「俺だけなのかな?」って。要するにその、それは問いかけですよね、暑中見舞のね。まあ、こんな暑中見舞が来ちゃったら、みんなびっくりしちゃいますけども。「みんな、どうなんだい?」っていうところの想いはあります。

加藤紘一の反乱でもさ、決して爆発していると思えない小泉(純一郎)さんにだって、何かが起こるかも――なんて、あんなに盛り上がったじゃない? その、変わっていきたい僕ら、現状の憂鬱さとか、コンプレックスみたいなものが浮き彫りにされてくる現状認識……そういう状態にはなりつつある、っていうのはなんかあるわけですよ。

そういう殺伐としたムードっていうのは、それこそ永井荷風の『断腸亭日乗』なんていう日記を読んでるだけでもね——飲み屋に大暴れして入ってくる無頼漢の群れとかね。また当時、五・一五事件とか二・二六事件とかね、そういう暗殺事件なんかもあったりとかして。幕末の、水戸と薩摩の浪士による桜田門外の変とかさ、いろいろあるじゃないですか。なんかその、そういうバイオリズムでもあるし。

でも……そのバイオリズムは、僕は今もそんなに変わらないような気がするんだけどね、極端に言っちゃうと。やっぱり、選択ってなかなかできないものですよね。たぶん、僕らはそれを自覚してきただけだと思うんだな。その違いは確かにあると思うんです。

ただ、でもそれも、またひとつの目標ができちゃうと、そっちにまたバーッと行って、それが崩れるとまた迷いの時期っていう、繰り返しのバイオリズムで。そういうのはあると思うわけなんですよね。個人的に、自分がナイフで殺されたりすれば、「ああ、やっぱり時代って変わってるんだ」とか言うかもしれないけどもね。

みんな、小泉純一郎が欲しいと思ってるんだと思うんですよ、ロックの世界でも。で、僕にそれを求めてるっていうのもわかるんです、現象としての小泉ですよね。

そこで今回、僕が小林さんにプロデュースをお願いした理由は、確信ではない……むしろ、確信がないから頼んだんでしょうね。

たとえば、〝ガストロンジャー〟が150万枚売れてたら——僕はそれでもきっと変えると思うんだけれども。そのまんまは行ってないな(笑)。だから、一概には言えないんだけど……やっぱり売りたいですよね。

そうすると、やっぱりその……なんかこう、ディープになっていく自分が怖いんですよね。なんか、客観的に見てくれる人が欲しかったっていうのかなあ。

だからその、「選択できない」っていうところと、ちょっと似てるんですけどね。だから勝利っていうもの自体の定義がね——「小金を集めてポルシェに乗ってるのが勝利か?」と(笑)。

むしろその、「現象としての小泉」の話じゃないですけど、革命を——小泉さんが革命とかは思わないけれども——起こすことが勝利なのか?っていう。大げさだけどね。でも、そういうことを考えてんだよ、本当に。男っていうのはみんな考えてますからね、みなさん。男はみんな革命家みたいなね、大げさに言っちゃうとね。

「革命」なんていう言葉を使っちゃうと現実味が薄いんですけどね。でも……やっぱり売りたいんだろうな。そのために、やっぱりちょっと態勢を整えたい、っていうのはあったんでしょうねえ。

だから気持ちとして、〝ガストロンジャー〟もあるんだけれども、それが売れなかったから——売れなかったから小林さんにしてるんじゃないですよ? みなさん、それは違いますから。売れててもたぶん、その次はまた違うことをやると思うんです。

で、それはテレビのドラマのちょい役で出たりとかね、そういう活動もそうだったの。だから〝ガストロンジャー〟みたいな過激な曲を作ってるからっつってね、俺は自分が冷静であることを忘れたんじゃないぞ、っていう意味合いも込めて、いっぱい原稿を書いたりとか、こういうことも僕は一生懸命ちゃんと語るっていうか。

なんか、そういう原稿書いたりとか、コマーシャルに出たりとかっていうのは……バランスを取りたかったんですよね。それをちゃんと音楽で、思いっきり歌いたいっていう、役割として4分の1になって思いっきり歌いたい、っていうところはたぶんあって。ちょっと整理したい、こういう気持ちで僕らはやってるんだ、っていうところを、もう一回自分としても自覚したかったんだろうし。世間のみんなにも……何て言うのかな、「ほら、ちゃんといい曲はいいんだよ」っていうかさ。それをしたかったんだと思う。

僕はね、要するに歌なんだよ。

やっぱり歌を思いっきり歌いたいっていうね、そういう風に思ったんです。

っていうのは、きっと〝ガストロンジャー〟の時は思いっきり行けたから、逆に冷静さを、歌の中で思いっきり持ってたんだけども。

やっぱり、歌で突破していかないと——っていうのはすごくもう、毎日中年男性の繰言のようにですね……「歌で突破だ、歌で突破だ」って、1日37回ぐらい言ってますよ。「歌で突破、歌で突破」「歌だ、俺は歌だ」って——「俺は宇多田」じゃないですよ？

まあ、この曲で歌ってるのは、結局「結論がない」っていうことなんですけどね。「そんな簡単に上手く行かねえんだぞ」っていう。

そのおかげでですね、次の曲——僕はシングルの候補を、ニューヨークで9曲ぐらい実は小林さんと録ってきたんですけどね。これによって、自分の現状というものを明解にできちゃったもんですから。まあ、次の段階に行くのに苦しんでまして……非常に滞っちゃってる状態ですよね。

そのうち何曲か、〝暑中見舞〟の他にも4~5曲は、歌詞まで書きました。でも、ボツにしましたね。僕も「ちょっとなあ……」っていうのがあったし、それで小林さんと相談したりして……まあ、スタッフの人は出してほしかったみたいだけども。それとは別に制作サイドの決定っていうか(笑)。僕と小林さんで決めました。

それはやっぱり、歌詞が素直じゃないんだよね。きっと僕の中で、迷いのまま行っちゃってるっていうのが——今までは僕も出せちゃったんだけどさ。

歌詞としては、いつもの感じのものはできてたし、もうちょっと素直な、入ってきやすい言葉になってるんじゃないかな。「歌の歌詞」としての言葉になってきてるっていう、その片鱗と、プラス僕の声っていうのはあったんですけども……そこまで歌詞を肉体化してなかったんでしょうね。情緒に行っちゃってる。

それは決して悪いものじゃないんだけれども、せっかく僕らと小林さんでやってるのにもかかわらず、それが出ちゃうっていうのはちょっと僕も寂しいし。

その、何曲かできてる歌詞の中では、僕もこれが一番「できた!」っていう感じだった気がしましたね。

ただ、その次の曲ってなると、やっぱりもっと欲が出ますから。「もっといい曲を作りたい」って思っちゃうと、なかなか先に進めないってところはありましたよね。それを今、搾り出してる最中です。

でも、たぶん上手く行ってると思うよ。出さなきゃあ、それこそおまんまの食い上げですし(笑)。商業という意味も含めて。あらゆる意味で上手く行かせようっていう風には思っています。

だからその、正直に言っちゃうと――これ、赤尾敏さんみたいなんですけどね。赤尾敏さんが、よく都知事選とかに出るとね――ここで赤尾敏の話してもしょうがないんですけどね(笑)。「私なんかが都知事選に出たって、受かるって思ってません」って言うのは、非常に気持ちよく僕には響いて。何かその、自分が売れるかどうかってのは別としてね、ほんとチャレンジャーっていうかね、そういう段階なんですよ。

なんかその、歌詞として率直な――それこそ〝ガストロンジャー〟の流れなんだけれども、情緒じゃなくて、率直な今の自分の言葉で歌詞を作って、それを思いっきり歌いたいっていうところのチャレンジャーなんですよね。そういう段階です。

この曲で、自分の中で確信ができたかって言ったら、僕はまだ過程だと思うんですよ。ただ、僕の今の感じでいきますと……ちょっと危惧しているとこがあって。

要するに……アルバム全体が「途中段階」になってしまうのか。それとも、ちゃんと自分の中での結論としてのアルバムが出せるのか。あるいは、まさに「小林武史がやるとこうなる」みたいなアルバムになるのか。そこに自分の歌としてね、ちゃんと達成感を持って——〝ガストロンジャー〟で感じられたような、ポップなことを歌っていながら、ちゃんと自分の音楽になってるんだ、っていう風に思えるのかどうかっていうね。

そういう意味では、本当に「暑中見舞」なんです、特にファンの人に対しては。まあ「憂鬱な午後」が、基本的にはまさに言いたいことなんだけれども。「暑中見舞」的な感覚で「途中段階」なんだと。今こういう形になってるんだと。

特に、僕らはコンサートなんかやってますとね、非常に僕が普通になったのと、みんなの感覚が近いっていう風に思ったんですよね。僕らがハズしてない感じがする。僕らがハズしてるとね、お客さんが心配そうなムードになるんですよ(笑)。でもそうじゃなくて、本当に心から楽しんでる——まあ10万人、100万人じゃないけれども。しかも、その人たちの感性っていうのは、非常に普通の感性——僕は信じてるから、もちろん。当然仲間だと思ってるし。僕らが意思表示をしたものに対する仲間ですよね。

僕らがきちんと意思表示をできていれば、届いてくもんなんだっていう——そういった感覚をすごく感じるんですよ。「僕らは今、ちゃんと意思表示できてるな」と。

なので、それさえきちんと僕が歌詞の中で、歌の中で表現できていければ、またそっちの方に行けると思うんですよ。〝ガストロンジャー〟じゃないけど、新しい十八番の僕の歌っていうかね。

「ああ、歳を取って、こうやって緩やかに人間は死んでいくんだなみたいな想いさえ出てきちゃったりします」

――2002年5月2日、アルバム『ライフ』リリース

なにしろ、僕は悩んじゃってたんですよね。『ライフ』っていうアルバムを作るまでは。要するに、前の『good morning』っていうアルバムが、良くも悪くも非常にソロに近い形っていうか……それでなんとか結実できたっていうところでの達成感があったんですよね、個人的に。

僕らのバンドは非常に長い歴史を持ってて。一方で、自分で「こういうことも、もっとワガママにやりたい」っていう想いが、どんどんどんどん蓄積されてきた中で――あん時ってさあ、思い出すと恐ろしいんだけど、やっぱりいろいろ公私にわたって、いろんなものが噴き出していったんですね。

人間にはいろいろバイオリズムが――びっくりすることとか、嬉しいこととか、悲しいこととか、大転換期とはいかないまでも、何かそういう時期ってあると思うんですが。厄年があったりとかさ。僕にとっては『good morning』の時期がまさにそれで。

別にこっちから意図せずとも、なんかいろいろ問題があったりとか……また、音楽的に非常にテンションが高かったですよね。その一端がさ、ドラマに急に出てたりとかね。まあ、そこに至るまでの流れがあるから、わかる人にはわかるんだけど、でもあんなことは今まであり得なかったことだし。そのぐらい、いろんなことのテンションが高かったんですよね。

あの頃の自分にあったのは……まあ、焦燥感でしょうね。「俺はこれから、どういう風に音楽と向き合っていくか」っていうね。もう極端な話、引退したっていいわけですよ。極端ですけどね。

もう僕も、若いエネルギーで作っていくっていうことではないですからね。

それこそ〝デーデ〟とか〝ファイティングマン〟とか〝花男〟とか、そういう10代のパワーで思いっきり自分の想いを叩きつけてた――またバンドもダンダカダン、ダンダカダン、ダンダンダンダンダン！　ダンダカダッダッ、ダッダッダッ！とかさ、上手い下手じゃなくて、そういう若々しいエネルギーで、バンドプロデュースで一発録りでやってきた時代があったわけですけども。

自分の歌ん中でも言ってるけど、若さのほとばしるエネルギーで、それこそ皮膚や目の色を見ただけで――17の自分は自覚してるかしてないかわからないけども――もう全然違うと。そういうものが音楽にちゃんと結実してた1stアルバム（『THE ELEPHANT

KASHIMASHI』）、2ndアルバム（『THE ELEPHANT KASHIMASHI II』）、3rdアルバム（『浮世の夢』）があって。

でもやっぱり、35ぐらいになってきて――そうじゃない自分ていうのはいるわけですよ。たとえば、初期の衝動に必死に立ち返ってできるかっつうと、絶対こんなものできないわけじゃない？　できないわけなんです。

だから自分では、一生懸命テンションを上げてるつもりでも、もちろん――そりゃあ悲しいことや嬉しいことは、やっぱりたくさん何十年か積み重ねて、自分の中でも残っちゃってるわけですよね。

じゃあ僕はロックでソロでね、その日の感覚的な感情をどんどん叩きつけていって、それをアルバムにしてみんなに発表するのか？

いっそのこと、もう音楽を一回サーッとやめちゃって、3年か4年休むか引退するかわかんないけど、やめちゃうのか？

それとも、もう一回ポップシンガーとしてね、1stアルバムとは違う、何かバンドなり、僕なりの新しい――「新しい」っつっても、今の僕なりの精一杯の音楽で――もう一回みんなと向き合うのか？っていう。

そういういろんな問題が錯綜してた、その一個の到達点が『good morning』だったと思うんですね。だから、すごく焦燥してたんですよね。

ただ、流れとしてね、小林武史さんという名前が出てきた時に、これからの表現の糧になるようなもの――ポップっていうか、「音楽の最前線で僕は生きていきたい」「歌をちゃんと歌って生きていきたい」っていう想いは、たぶんソリッドになっていったんですよね。たぶん、統一されてないから過剰に見えてしまうものが、小林さんとの作業を通じて、音楽に昇華されてくってていうのかな。

このアルバムが100%かどうかってことは別として――少なくとも自分では、ニュートラルなつもりの精神状態でもすごくいろんなものがあって。そうやって混沌としてるものが、小林さんを通じて音楽として、断片ではなくてちゃんと音楽として、その想いに焦点が合ってきたというか、整理されていったんですよね。だから、僕は歌に、ないしは歌詞に集中していく。で、バンドのメンバーはたとえばドラムを叩く(笑)。小林さんはできたものをアレンジしていく、またプロデュースしていくっていう。

それぞれの役割がはっきりしてきたことで、僕が今まで持っていた、「あれもやらねば、これもやらねば」って過剰に見えてしまう何かに、非常に焦点が合ってきたっていう。だから、音楽として具体的になっていったのは、やっぱり小林さんとの作業を通じてだと思いますね。

やっぱり今回、小林さんと一緒にやってみて、「僕は歌詞だ」っていう風に改めて思ったわけなんだけども。

生活とかが楽しいと、すごくみんなも楽しくなっていくし。悲しいと、友達や誰もがみんな悲しそうな顔をするのと一緒でね。僕の感情が整理されてない状態の中で音楽をやってくこと――整理されないまま外へ出ちゃうっていうことは、やっぱり非常にポップじゃないんですよ。

そうするとやっぱり、自分がすごくいい想いを心がけてやっていくっていう。「シンプルに生きていく」っていうことを自分でやって、その結果として音楽を結実さして、それを表に出していきたいですし、それをまたみんなに評価されたいですよね。

今回の『ライフ』では、詞を一回つけたんだけど、小林さんに否定された曲があったんですよね。それが〝普通の日々〟で。

僕の小林さんに対するイメージと、小林さんの僕に対するイメージと――まあ「小林さんのイメージ」というよりは、「宮本がそうやるんだったら、じゃあ俺はこういう風にやっていくぞ」っていうプロデューサーとしての計画っていうか、そういうものはあったと思うんですよね。

で、やっぱ小林さんにはイニシアチブを握ってやってほしいっていう風に僕は思ってたし。そこにやっぱり、当然ながらアレルギーじゃないけど摩擦が生まれてくる。で、自分も悩んだし。

だからそこで、ふたりで詞を作る時間が何度もあって、結果的に〝普通の日々〟は小林さんとの話し合いの中で作られたっていうことで、歌詞は小林さんとの共作になったわけなんですけどね。

実は僕ら、何度かニューヨークに行ってるんですよ。炭疽菌事件直後の、去年10月のニューヨークに。アフガニスタンへの空爆の以降ガラガラの成田空港からね、小林さんの待つニューヨークへ行ったんです。

その時に、ふたりである程度の共作の詞ができて。小林さんとしては、今の時期によくニューヨークに単身来たじゃないかっていう想いもあったし、まあ僕としても、もちろん絶対に曲を作りたかったし。そこで――僕の誤解なのかわかんないけども、ひとつ融和する時間帯というのはありましたね。そこからはほんと、もっとスムーズに行きました。

それはだから、作業の中で……自分の役割を認識したっていうのかな。今回のアルバムは、プロデューサーは小林武史であると。で、僕はシンガーである、っていうところがようやく――最初から思ってるつもりだったんだけど、やっぱり自分の思い込みとかが邪魔してたのを、小林さんがたぶん一生懸命「こっち来い、こっち来い」ってやってくれたところで、ようやく融和できたんじゃないかということですよ。

歌詞が若干ニュアンスが変わってきてるっていうのは……やっぱりねえ、これは「歌と向き合わなきゃいけない」っていうことを自覚してからだと思うんですよね。

たとえばテレビなんかでも、僕は今ハンドマイクで歌ってるんですよね。

ギターを弾きながら歌うだけで、もうすでに歌が――おろそかじゃないんだけど、「ギターを弾いてる人の歌」になってくわけですよ。それはそれで結構なことなんだけども。それと一緒でね、「ごまかしが利く」じゃないけど、合わせ技で一個になっちゃうんですね。たとえば『good morning』は、サウンドも含めて詞なんです。あれも歌詞なんですね。どっちも楽器でどっちも詞で、その一端が歌詞の中に出てきてる。だから、詞をそこまで丁寧に深く考えていく必要がなかったんですね。

でも今回、小林さんという人を立てたことによって結局、歌の世界と、サウンドと、自分の曲と、自分の声と向き合わなきゃいけなくなったんですね。

そうすると、そこにごまかしが利かない。音は音としてちゃんと存在してる。僕は歌の中で、歌詞の中で、やっぱり聴いている人に訴えていかなきゃいけない――っていうところが、たぶんポップに感じさせるものになっていった理由なのかなって思いますね。

ところが、やっぱり、1stアルバムから3枚目まではバンドプロデュースですからね。特にトミのドラムっていうのは、特に1stアルバム、2ndアルバムではバンドの中心ですから。僕の曲を僕が部屋で作ってるものじゃない、彼を中心としたバンドプロデュースの展開になっていく、大きくなっていくっていう。

でもその時は、僕はシンガーだったから。ギタリストじゃない。で、ドラムがいて、ベースがいて、ギターがいて、歌がいるっていう。僕の役割ははっきりしてたわけ。

だから、まったくタイプは違うけども、その3枚以来、あそこまでのテンションになっていません、正直な話。

ただそれ以来、なんとかこうやって辿り着いた、シンガーとしてのひとつのスタイルですね、今回は。まさにこれ、売れる・売れないというのはわからない問題だけれども、少なくともそうやって「歌を歌っていく」という気持ちはクソ真面目に入ってる、そういうアルバムにはなってますねえ、結果的に。

要するにそれは、僕がエレファントカシマシというバンド自体をどんどんひとりで背負い込んでいった結果、その中で一番失い続けていたものを取り戻す——っていうことだったんじゃないかと思いますね。

だから、「生活が楽しければ」とか「自分の暮らしをプロデュースしていく」とかじゃないけれども——これは僕だけじゃなくてみんなそうだと思うんだけど、ひとつやっぱり、自分がシンプルになっていかなきゃいけないな、っていうのはほんとに思いますよね。

そこはやっぱり、喜びとかを感じることで、結果的に曲がポップなものになっていくのかな?っていう努力の一端は始まってるアルバムにはなったんですよ。

《敗北と死に至る道が生活ならば／あなたのやさしさをオレは何に例えよう／例えてゆこう》（〝あなたのやさしさをオレは何に例えよう〟）……やっぱりこう、ほんっとに生きていくのって大変だなっていうことなんですけど(笑)。

まあ、でもね、良かったですよこれ。少なくとも、萌芽があるじゃない？　何か新しいことに行くっていうところのさ。だから、この詞は俺も嬉しかった。ちゃんと《敗北と死に至る道が生活ならば》っていう思想がしっかりあって、その後ろに「あなたのやさしさを何に例えたらいいんだ？」っていうところがあるのが嬉しかった。

《Baby　幕が上がる　俺はきっと普通の日々から／あなたを想って　うたをうたおう》っていうのは、最初は歌いにくかったんですよ。これは小林さんと話して決めたフレーズなんで（笑）。

でもきっとそれはねえ、要するに今の僕っていうものを、ちゃんと焦点を合わせて表現していくっていうのを学んだ、っていうことなんだと思うんですよね――っつうと小林さんはちょっと恥ずかしがっちゃうけど（笑）。

当たり前のことなんですけれども、混沌としたものを整理しないまま「はい、これ肉。はい、これ野菜。はい、これ生の魚」みたいにバラ撒いて「でもなんかこの人グワーッとしてんな」みたいな印象だったものを、少なくとも〝普通の日々〟っていうタイトルの世界があるんだから、それに合わせてちゃんと表現しようっていう。

ほら、俺って言い訳っていうか、話してても前置きが長いじゃない？　その前置きを、音楽の中で全部取っていくってことなんですよね。小林さんとの作業っていうのは、「いや宮本君、こうじゃないの？」っていうところの作業を――ほとんど精神分析みたいなプロセスを通じて、「それを音楽でちゃんと形にしていこうよ」って投げかけていくことだったのかなって思うんですよ。僕もたぶん、それを望んで小林さんに依頼してるし。

この前も、久しぶりにハービー・山口っていう、昔ジャケット写真を全部撮ってもらってたカメラマンに会った時に、「宮本君、ずいぶん喋るようになったね」って言われて。「いやあ、もう僕はマネージメントもやってますから」なんて言いながらも非常に悲しかったのは、「君はもう大人だね」っていう風に――まあ当然大人だからいいんだけど――言われたような気になってね。

若い、10代~20代前半の僕を知ってる人が、久しぶりに10年ぶりに会うと「宮本君、本当によく喋るようになったね」と。まさに僕のね、つらさの神髄を――ごまかしの、上塗りの僕を(笑)。

でも、それも含めて、僕は全然否定してるわけじゃなくて。〝面影〟なんていう歌もありますけど、その面影が甦っちゃったりとかしてね。「今の俺は今の俺なんだ!」っていう反面ね、「ああ、歳を取って、緩やかにこうやって人間は死んでいくんだな」みたいなね、そういう想いさえも出てきちゃったりしますよね(笑)。

きっと歌の中で説明しきれていれば、寡黙でいられるんですよ。それを僕は――だからどっちが先かわからないけども、少なくともこのトラウマみたいなものってたぶん、エピックとの契約が終了した時点から始まってるんですよ。

あの時にやっぱり僕ら、プロモーションもしなかった、テレビにも出なかった、雑誌もそれこそ『ROCKIN'ON JAPAN』しか出なかった、みたいなことがあって。テレビも、エピックがやってた『eZ』っていう番組にしか出なかった。まあ、そりゃあ非常に効果的なプロモーションなんだけど。

でも、あの時は何しろ「饒舌に自分たちを表に出していこう」っていうテーマがあって。だからってわけじゃないんだけど、僕も一生懸命に喋ったわけ。「俺ってこうなんだ!」っていう感じで。それがなんか、一回功を奏したっていうか、結果的にみんなに伝わってさ、合わせ技で。「寡黙な俺」と「饒舌な俺」っていうのを面白がって、みんな注目してくれて、僕ら一回成功したんです。売れたんですよ。そこからのトラウマなんですよね。

僕は実は、自己を表現することってたぶん下手だと思うんだ。まあよく喋るけれども。それは絶対いけないことじゃないんだけども、そのために音楽がおろそかになってったっていう……こりゃあ恐ろしいことでした!

だから、ようやく自分の想いを、少なくとも歌の中では——断片でもいいから、ちゃんと音楽として表現できてきたっていうのは、僕としては快感だったんです。そういう意味では、自分にとっては非常に価値のあるアルバムにはなりましたね。

でもねえ、やっぱり僕ら、やっぱりバンドの人たちって面白いなと思ったんだけど……。

たとえばメンバーみんなね、小林さんに言われればやるわけよ。一生懸命やるわけ。「トミ、こういうふうに叩いた方がいいよ」とかって言われるとね。
でもね、面白かったのは――やっぱり、非常に頑固にバンドっていうものを、仲間を信頼してるっていうのかな。僕なんかは必死にさ、小林さんとコミュニケーションを取ろうと思って饒舌に「自分はこうなんです、俺たちはこうなんです」って語るわけ。でも、彼らは黙ーってんだよね(笑)。それはやっぱりすごいと思った、バンドって！

結局ねえ、彼らはいい意味でどうでもいいわけよ、基本は。相手が小林さんであろうが事務所のマネージャーであろうが、誰でもいいのよ。ミヤジがやりたいんだったら何でもいいわけよ。っていう風に俺は思ったのね――いや、わかんないよ？　これも(笑)。彼らがどう思ってるかは。

でも、よかったですよ、そういうことも発見できたから。それが僕は歯痒くて、「てめえら、少しは俺のこと外で褒めろ！」とか思ったりするんですけどね(笑)。まあ、本来なら「自分の音の中での自己表現を、もっと小林さんに主張しろ！」とか言うべきところなんでしょうけど。

最終的にはやっぱり、このアルバムの音はバンドになったと思いますよ。

ずいぶん小林さんと話してねえ、何度も。「小林さん、どうしようかなあ。これやっぱりさあ、小林さんの知り合いの上手い人を呼んできて、ドラムとか全部差し替えませんか？」とか、めっちゃくちゃなこと言ってたけど(笑)。小林さんも、あんまり俺が言うもんだから、真剣に考えてくれたりもしたんだけど。

でも結論はね、エレファントカシマシって名前でやってるんだったら、もっと腹を括ってやるべきじゃないか?というところに落ち着きまして。結果的にやっぱり、バンドのサウンドになってるし。

実際、3~4年ぶりでバンドのメンバーがドラムを叩いてるっていう(笑)。ライブではもちろんずっと一緒にやってたんだけれども。

彼らは非常に頑固だし……やっぱり彼らも当然、自分の意志でやってるわけだからね。やっぱり音楽を作る人として、宮本っていうものをたぶん信頼してるわけだから。これはもっと、それこそみんなには過剰に期待してもいいのかもしれないし……まあ、それもちょっと違うんだよなあ。

でも……相乗効果になっていくといいですけどね。こういうみんなの想いと、僕の想いと、一致してくる瞬間があれば、それこそまた4人で何でもできるようになっていくような気もするけども。

ただ、このシンプルなアルバムが、世の中でグッチャグチャにされるところまで、自分の中で考えるまでに至ってないのよ。行けてないんだよね、そこまで。シンプルさが欠けてるの、心の。

孤独だからこそ頑張るっていうのは当たり前のことなんだけどさ、なかなか逃げ出したくなっちゃうもんなんだよねえ。最大公約数に向けた歌になっていくっていうのもね、あ

れも別に否定しないんだけど

でも、始まりましたよ、いよいよまた。できると思うし、頑張ります！

『ライフ』っていうのは、言ってみれば『生活2』なんです。

でも、それはまあ「転換期」っていうことでもあって。

3rdアルバムまでは、エレファントカシマシがプロデュースする一発録りのサウンドだったけれども、『生活』からいきなり僕が下手なギターを弾いてる。

まあ、今の自分たちが転換期だからこそ、そういう『生活』の頃を振り返るんでしょうね。自分の生活を総括したくなるんでしょうね。

このアルバムは——僕はきっとそこまで深くは思ってなかったけども、まあ『生活2』ぐらいの気持ちで。でも、『生活2』ってのもなんだなと思って『ライフ』にしました。英語にしました(笑)。

あの『生活』っていうアルバムは、火鉢にあたりながら昼寝して、それを10分間歌い続けてる、みたいなアルバムで……まあ、実際そういう生活をしてたからなんですけどね。違う意味で振り返ったんでしょうね、自分を。

でも、振り返るっていうことは、つまりリスタートですから。「もう一回行く」っていう前の段階の、整理をした段階でしかないかもしれない。グチャグチャに揉まれていく、門出だと思って祝ってやってください(笑)。

生きていくっていうのは結構大変ですね。勝負してくっていうのはね。

「そんなこと今さら言うな」って話なんですけどね、勝負っていうのは勝とうと思ったら本当に大変。「大変」っていうか当たり前だけどさ。大変って言っちゃいけないよね。

まあ、生きていくってことですよ。それで『ライフ』だと思う。

だから、スティル・リブ？　スティル・ライフ？　そんな想いかもしれない。まだまだ行くぞ！って——それがタイトルだとなんかダサいじゃん？　だから『ライフ』。

でも……勝ちたいですね！

第四章

『俺の道』

——宮本浩次、大人の逡巡

生命賛歌

そいつは立ってた。そして 突然現れた。
「オマエハナンダ？ ココハドコダ？」吃驚《びっくり》したぜ。
風が吹いてた。荒野の感じがした。におい立つ
真夏の草の果てにあるオマエは正しく、ウチュウ。

ヒトの歴史またはは情け以上。
暴力とずる賢こさのたどった栄華の極致。
世俗の信仰の権化ゆえに ヒトハダノニホイ渦まいて
俺・逃げ出した、何～て馬鹿だね。結局俺、オドルんだ。

ひょうろく玉のドタマブッ飛ぶ土地の愛
オレは突っ立って泣いた。太陽がおちてヒトカゲ無くて
遠くで鳴ってる生活の音が
人口の多い、この国の俺を彼方へ飛ばす。
「オマエ・デッケェナ。」

オレがミツメテるのはバケモノと決まった!!

オレ、オマエのまわり恐る恐る辿ってまわってまわった。

「オ・レ・ニ・チ・カ・ラ・ヲ」「オ・レ・ニ・ユ・ウ・キ・ヲ」

あ〜あ、馬鹿馬鹿しいね、オレ祈ってら

恐らくは日本人と呼ばれる以前の死に絶えしヒトビトの
祈り有りて、オンボロの想いを乗せた〃インテリジェンス〃
の亡霊を、オマエ嘲笑う。精一杯の
ヒトの生命賛歌を。

ひょうろく玉のドタマブッ飛ぶ土地の愛
オレは突っ立って泣いた。

恐らくは日本人と呼ばれる以前の祈り有りて、
オンボロの想いを乗せた現代人の、生命賛歌よ。
セイメイサンカヨ。

《太陽は昇りくる》って、皮肉じゃなく実感として言えたのは生まれて初めてなんです

――2002年12月26日、初のミニアルバム『DEAD OR ALIVE』リリース

今回の『DEAD OR ALIVE』っていう作品は、今まで出したことのない、ミニアルバムという形なんですけども。

まずですね……あの、シングルが売れないんですよ。

それもありまして、「どうせだったら、もう思い切ってアルバムでもいい」ぐらいだったんですけど。ただ時期的に、曲数が少なかったのもあって、それでミニアルバムにしたんです。

まあ、値段も安いし――うん、みんなに聴きやすくできるといいかなっていう風に、思ったんでしょうね、たぶん。まあその、「バンドでやる」っていうところを見てくれ、っていうことですね。

『DEAD OR ALIVE』っていうのは……まあ、危機感って言っちゃうと大げさなんですけど、ちょっとヤベえなあと。

あの、適当に――「適当」って言っちゃうとあれなんですけど――生きていくだけだったら、何とかなるんじゃないか？っていう風に思っているわけです、ここ最近。そんなこと、昔は思ったことなかったのに。

たとえば、音楽を聴いてほしくてテレビで歌ったりとか、ラジオに出たりとかしてたじゃないですか。でも、そっちの活動の方が目立つようになるのは困るという、そういう危機感ですよ。僕はミュージシャンだと、歌手だっていうことをちゃんと言いたい、と。

最近、周りの人間がタバコをやめたりとかね。40歳ぐらいになってくると、みんな……何となく、ちょっと見えるんですよね、死が！　これはやっぱり、俺は死んじゃうだろうな、体力が若干衰えてるのもわかるし、っていうのがあって。

あと、ごまかす術っていうんですか？　ものを書いたりとか、人前で喋ったりとかやってると、表現者としては、そこで分散しちゃってるんですよね。ストレスも発散できちゃってるし。

別に、喋ってもみんな笑ってくれるんだなとか――まあ、それは「僕がミュージシャンである」っていう前提があってのことなんですけど、全部。

でも、だから……本末転倒っていうんですか？　自分がそういうところで生きちゃってる、っていう感じがちょっとあったので。「とにかく音楽に戻りたい」っていうのは、第一のテーマとしてありましたね。だから、そういう意味で〝DEAD OR ALIVE〟っていう、すごくはっきりしたテーマは、最初からあったんですよ。

で、この曲順はそのまんま「詞を入れた順」なんですけど。結果的に、それがだんだん詞に表れてきまして……「掘り下げる」っていうんですかね。見栄を張って、売りたくて売りたくてたまらなくて、一生懸命やるっていうんじゃない、その逆のところでやりたくなったんです。

だから、1stアルバムよりもっと前に遡りたいっていう——それは無理ですけどね。ただまあ、大人の僕らがある程度そうやって、意図してやったものっていうのは、やっぱり商品価値があるんじゃないかと。

あと、レッド・ホット・チリ・ペッパーズがカッコよかったんで(笑)。今年(2002年)出たアルバム、『バイ・ザ・ウェイ』ですね。

彼らは僕らよりずーっと年上なのにね、全然若手に対抗してないんですよ。オヤジの感じ、どブルースと言いますかね。で、なぜか泣けると——まあ、カッコいい音楽聴くと、だいたい泣けますけど、はい。大きいのはその2点ですかね。

あとはその、今回これを作るに当たって、ほぼ4年ぶりくらいにリハーサルを4人でやって、ゼロから立ち上げて、っていうことをやったんで。そういう、どっか新鮮な感じも入ってるんだと思うんです。

でも、そういう風に——作り方も、メロディとか歌詞も含めて——変わっていったのは徐々になんです。

たとえば〝ガストロンジャー〟みたいな曲の方が、比較して聴いちゃうと、作品のクオリティは明らかに高いんです。だから、あの辺から僕、「バンドなのか、ひとりでやるのか」みたいなことは、ずーっと思ってたんですよ
だけど、なんでだろう？　小林さんとやってすごく良かったのは、バンドですごく久しぶりにレコーディングしたってことなんです。

で、レコーディングまでは、何が何だかわけわかんなかったんですけど……でも、ライブでやったら、波動が良かったんです。波動っていうか、出てる雰囲気が。

DATを鳴らして僕が歌ってるのと――まあちょっとわけわかんないリズムだけども、4人でやってるのと、どっちがいいか？っつったら……なんかこう、腹が立ったり、イライラしたりっていう、そういう当たり前の感情がですね、バンドとやった方が明らかに昂ぶるんですよ。そうすると、自分の普通の状態に一番波長が合ってるのは、やっぱりバンドなんだなっていう。それは1stアルバムを作った直後からの悩みでしたけど。

でも、テレビに出たりとか、ものを書いたりとか、そういうのを一気にやって、ちょっとそれが「あれ？　違うんじゃないかな」「俺、ちょっと分散しちゃってんじゃないかな。俺歌手なのにな」ってなった時に、「なんだ、じゃあ戻ればいいんだ」と思ったんです。

そしたら、バンドがやっぱりそばにいてくれた、っていうんですかね。まあ、いたんですよ、そこに。それで、感動したのはですね――本当に久しぶりに、4年ぶりで「リハー

サルをやろう」って言ったら、みんな約束の時間より1時間も早く来てるんですよ！　で、そうすると僕も嬉しくなってくるんですよね。そういうものが出てるアルバムにはなったと思う。

だから、作品のクオリティでは「どうかなあ」っていうのはありますけど。レッチリと比較して聴いたら、やっぱり完全に負けてますから。

ただ、僕らはバンドの資質として、いいムードみたいなものを持ってるんじゃないかなあと。だから、あとは見栄を張らないで、しっかりと自分のやることを思いきってやる。それが一番カッコいいんじゃないか、っていう風に思ってやることはできました。

ライブでは……最近はまたドラムにマイクを投げたり、「バカヤロー！」とか言ったりしてますねえ。まあ、あれをステージでやること自体、いいことかどうかはわかんないんですけど。あれでドラムを投げ返してきたらカッコいいですけどね！(笑)。石君とかがギターで殴りつけてくるとかなってくると、また……まあ、違うものになっちゃいますけどね(笑)。それくらいの緊張感が生まれるといいな、っていうのはありますね。

ああいうことをしているとですね、僕はその……「自分が音楽をちゃんと作る環境に行ってる」っていうのを感じるわけです、毎日。それはやっぱり、すごく嬉しい実感なんですよね。

僕はまあ、ある意味でおじさんなんで。若さの荒ぶる魂とかっていうようなものとは絶対に違うんだけども。ただ、淡々とした中でも、闇雲じゃなく、ちゃんと整理された中でも、音楽に向かってるっていうのは、すごい新鮮な日常ですね。

バンドで久しぶりにレコーディングっていうことで、メンバーも嬉しそうでしたよ。ただ……下手なんだよなあ。

すごくいい波動が出てるにもかかわらず、それを形にするのが下手な人たちで。だから、俺から見ると、不思議でたまらないんですよ。それほどすごく気合いが入ってて、やる気もものすごくあるのに、なんで形にならないの？っていうぐらい、形にならないっていう。

いい瞬間もあるんですよ。でも、それがレコーディングになっちゃうとですね……またあのメンバーがおかしくて。たとえば、レコードジャケットの撮影とかっていうと、普段着の方がカッコよかったりするじゃないですか。それなのに、わざわざいつもと違う洋服とか着てきちゃうんですよ(笑)。

それと一緒で、普段リハですごくいいムードでやってるんですけど、レコーディングになると余所行きの音になっちゃったりとかするんで……まあ、それは今後の課題なんですけどね、僕らの。

ただまあ、音の出方はわかんないけど、その波動としてはすごくしっかりとしたものになってきたし。だから、あとはもう——36歳になって言うことじゃないけど——個々の努力。僕も含めて、力量を上げる！っていうことでまあ、共通の目標を一個、持ててるような感じの雰囲気にはなりましたね。

たとえばその、小林さんや佐久間さんがいるレコーディングっていうと、やっぱりその人たちがイニシアチブを握るっていうか、ある意味でレコーディングの中心ですから。それを望んで依頼してるわけですから。その点、今回は僕たち4人とエンジニアしかいないわけですから、まったく雰囲気が違いますね。

実際、すごく不安だったんですよ、自分たちだけでやるっていうのが。

だから、みんなには「デモテープ録るよ」って言ってレコーディングしたんですよね。結果的に、それが本チャンのテイクになったというか、ええ。

とはいえ、我々ももう36だし、「ミヤジはああ言ってるけど、本チャンのつもりなんだろうな」っていうのは、たぶん……100％読まれてるような気がする……。

あのねえ、ギリギリまで俺、「また小林さんとやろうかなあ」とか悩んでたんですよ。ただ、やっぱりそれも不安なんですよ、一度人に甘え始めてしまうと。

僕は辛いこととかがあるとですね、辛いっていうことに、すぐ甘えるんですよ。

それは音楽で辛いんだったらいいんですけど、そうじゃない、人間関係とかですね、そういうところで甘えるんです。結局、楽しくても辛くても、そっちに身を委ねちゃう……

だから、音楽的には全然不安はなかったんですが、精神的な部分でずーっと人に委ねてきたっていうところで、そういう人がいなくなってしまうことに対して、どっかで不安だったんでしょうね。

僕の弱さというか、いい加減さというか、責任逃れというか……そうやってここ何年かやってきちゃってたから。今回はもう、退路を絶とうと。4人しかいないんだと。まあ、最悪ひとりですけど、最後は。

ただ、僕にとっては音楽の原点はやっぱりバンドだし、4人なんですよ。だから、とりあえずそこに戻ると。

で、まあ極端に言っちゃうと、事務所もレコード会社もそんなに関係ないと。まあそれは当たり前のことなんですけど(笑)。ただ、そんなことさえも気づかなかったと――これは「またインディーズになって云々」っていうことじゃないですよ? そういう意味じゃなくて、俺たちの――もっと言うと俺の曲がしっかりしてれば、どうでもいいことなんじゃないかと。

あの、『ライフ』は小林さんの秀逸なアレンジと僕の曲とで、僕は非常に好きなアルバムなんですが、でもあれは自然さってことで言うと、ちょっと欠けてるんですよ、自然じゃないんですよ。やっぱり何か意図して、ああいう風に持ってってるんだなあ。

そうじゃなくて、やっぱり素直に、普通に行くと。そうすると、このバンド――もっと言うと「ひとり」になるんだと。そういうところは、みんな頭ではわかってるんだけど、形にするのが難しくって。「もっと行かなきゃいけない」っていう風に思ってるんですけど、なかなかねえ。

ここに入ってる曲のメロディは……自然じゃないんです。「曲を作んなきゃいけない」って言って、相当部屋にこもったんですよ。それでずーっと曲作ってて、毎日楽しかったんですけど。だから、「何が何でも作んなきゃいけない」っていう方が近いですよね。たとえば、サッカーのプレイヤーなんかを見てても、調子のいい人に限って「僕にはもっと課題がありますから」なんて言うじゃないですか。調子がいい時っていうのはそういうもんで。今回の曲も、結果的に後で聴くとね、もしかするとすごくいいものになってんのかもしれないですけど。

まあ、「もう人に頼らない」と思ってやった、そういう意味ではふっ切れてたのかもしれないですね。「作んなきゃしょうがない」と……なんかですねえ、「生きてても意味ねえなあ」と思っちゃって。車に乗ってゲームをやって、ちょっとかわいい人がいると、すぐホイホイ行って、みたいな浮ついた気持ちになっちゃって。

何て言うか……またそこでも、「そういうものから何かを得よう」とか思っちゃってる。そうじゃなくて、ひとりでやるんだと。地味にやるんだと。それを忘れてたんですね。

評判は……よくわかんないんですよね。最近あんまり僕、誰にも会ってないんで。でも、自分で聴くと泣けるんですね。それって情けないですね……まあ、いいか。それで、聴いてて「うん、これ、わかる!」って思うんですよ。まあ当たり前なんですけどね。

だから一時、レッチリとこればっか聴いてましたね。手応えはあったんですよ。「向いてる方向は間違ってない」っていう風には思ってやりました。「これだ!」と。


《この短い人生において/生活の安易さと怠惰/致仕方のないことだが/病となり散りゆく身体をむしばむ》(〝何度でも立ち上がれ〟)っていう歌詞に続けて《でも見てみなよ/太陽は昇りくる/何度でも立ち上がれよ》っていう……僕は《太陽は昇りくる》って、皮肉じゃなく実感としてこういうこと言えたのって、生まれて初めてなんですよ。それは嬉しかったですね、本当に。

でも、これはバンドの波動ですね。バンドのその——上手い下手じゃなくて、「何か俺たちやってやる!」っていうのは、やっぱり出るんですよ。ひとりより4人ですねえ!

だから、僕はもしかすると、仲間とやっていくタイプなのかもしれない。

そこでワガママを言いながら、その真意を汲み取ってくれる人たちとやるのが、一番なんでしょうね。

まあ、みんなにとってもそうなんだと思うし、メンバーにとってもね。バンドの波動が、こう、高揚させていくんですよ。

それはリハですごく感じたんですけど——どんどん高揚していく。録るとなんかしょぼいんですけど(笑)。やっぱり僕ひとりだと、できあがりのサイズが決まってて、こう……頭で考えてるんですよ。「ハートで考えない」っていうんですかね。

でも、バンドでやると、体が高揚していく。バンドでやると、サイズが決まってないですよね。同じ曲でも、ひとりでやるのとは全然違うサイズ感になる。

そうすると触発されて、歌もそういう風になっていく、同じメロディでも。

だから、すぐさま理解してくれる人たちが、すぐそばにいるということがすごい大事なんですよね、俺は。

《でも見てみなよ／太陽は昇りくる》っていう歌詞も、スッと出てましたね、きっと。あんまり覚えてないですから。

でも、歌詞は本当に、すごく一生懸命に――要するに、打ち込みでごまかしてたところがなくなっちゃうんで、より歌詞とメロディをしっかり、自分で形にして作らないといけないと――まあ当たり前すぎることですけど、すごい自覚してやりました。

だから、そういう意味では、すごくこう、考えたんですよ。

《でも好きなんだろう？　生きてることがよ》(〝クレッシェンド・デミネンド -陽気なる逃亡者たる君へ-〟)っていうのもね――これね、やっぱり「もういいんだよ‼　お前‼」ってブワーッと行ってんのは、やっぱりすごくいいですよね。

まだこれから、次に向けて曲を作っていかなきゃいけないんですけど……でも、ハッキリ言ってですね、ミュージシャンなんで、みんながっかりするものにはしないつもりです、絶対に。自分に対して恥ずかしいものは出したくないんで。

でも、曲を作りたい。いい曲は作るつもりでいます。

まあ、アルバムとして聴いた時に、がっかりするものには絶対にならない――何曲かいい曲は作りたいんですよねえ、痛快なやつを。

あとは、石君が死なねえといいなあ、とか思ってるんですけどねえ。3人になっちゃうとまたねえ――せっかくこれからって時に、石君が死んじゃったらねえ、交通事故とかで……だから、生きててほしいなって思いますね。

まあ、石君がそういう風にいじりやすいっていうだけなんですけど。一番話しやすいですからね。ライブでも、ああやってシャツ破いたりしたくなるんですけど……でも、良くないみたいですねえ。本人たちはOKなんですけど、でも観た人は……っていう。

これからまた、アルバム制作に入るんですけど。来年の……そんなに遅くない時期には出したいですよね。遅くとも野音（毎年恒例の日比谷野外大音楽堂でのライブ）の前後には絶対に出していたいですね。

今回ようやく、ちょっと大人になれた気がします。その、「大人」って言うとまたね、みんな悪い風に言うんですけど……でも、大人になれた気がします、ちょっとだけ。当たり前なんですけど。ならなきゃいけないんですけど、ちゃんと。

自分が今、「すべてのものに責任を持とう」というモードになっているので。責任を持って、ドラムにマイクを投げよう！と。そういう心境になってるんです(笑)。

何しろ荒涼としてはきたと思います。殺伐としてきたんですよ、心が

――2003年7月16日、アルバム『俺の道』リリース

『俺の道』っていうタイトルは、最初は相当悩んだんですけど。すごすぎるだろうと思って(笑)。でもいいやと思って。

今回は割と極端な方に行っちゃった方が――「俺、俺」って行っちゃった方がいいのかなと思って、そういう風にしました。

去年(2002年)の年末に『DEAD OR ALIVE』っていうミニアルバムを出したんですけど、あの頃から……「やっぱりシンプルなのが一番だな」って思ったんですね。バンドをやるならバンドをやる、やめるんだったらやめる、くらいなところでやらないとなあって。

俺も37歳ですからね。「何しろはっきりしたものにしたい」っていうのは思ったんです、前作の『DEAD OR ALIVE』から。「バンドでやるんだったら、バンドと向き合ってやる、っていう風にするしかないだろう」って思いました、今の俺の状況でいくと。そんな、音

楽以外のことをやってもしょうがないし。

『DEAD OR ALIVE』を作っている段階から、かなり手応えはあったんですよ。バンドでやってる時の、その波動が良かったですからね。

ただやっぱり、曲を作ることをすごく真剣にやらないといけない、と思いました。バンドでやる場合においては、やっぱり曲がすごく重要だな、と。今までが手を抜いてたわけじゃないですけど、自分たちで細部までちゃんとやらないと、実力も確認できないし。バンドで曲をやって、それを自分たちで詰めるっていうのが一番、自分の状況も確認しやすいし……まあ、手探りは手探りだったんですけど。


僕がひとりで全部やるっていうのでもなく、プロデューサーと一緒にやるのでもなく、バンドが裸でやっていくには、裸のバンドを支える骨組みである楽曲がきっちりしてないと、エレファントカシマシのパワーは出ないんですよね。逃げちゃダメだなと。だから、曲を突き詰め、歌詞を突き詰め——というよりは、生活を突き詰める、という感じですね。やっぱり歌手として立ってるからには、自分の生活がしっかりしてようがしてまいが、それがちゃんと音楽に反映してないと良くない、と思ったんです。

そうすると、曲を作ろうと思えば思うほど、自分の暮らしをすごく大事にしなきゃいけない、と思えてきたんです。今まですごく雑に時間を過ごしてたんだなというか、雑というか人任せにして過ごしてたんだな、と。

だから、全部音楽に還る——今回《オレはロック屋》(〃ロック屋(五月雨東京)〃)だなんて歌詞もありますけど、そこの歌のところに還らないと、いろんな意味でヤバいと思ったんですよね。

自分の生活に立ち返る……困った時に一番思うのは、やっぱり歌のことなんですよ、何だかんだ言って。自分でも意外なんですけど。

そうなると、一番身近でやってるのはメンバーだから、ならばそこで曲を詰めていくのが、一番ストレートに伝わるんじゃないかと、そう思いました。

そのためには、自分の生き方とか、生活の環境整備をキッチリしないといかんですね。「物事をごまかさない」みたいなね。

あと、「車で300キロ出すのやめよう」とか——これ、かなりフラストレーション解消されるんですよね。ガーッて歌を歌う代わりになってるんですよ。公道でギリギリのスピードまで出すぞ、みたいな。でも、走り屋と勝負するのは怖いからやめよう、みたいなね。あれはすごく人間性が出ますからね。

でも、もう車も売ろうかと思いますね、本当に。電車と徒歩に戻ろうというか、もういいんじゃないかと。

〃ガストロンジャー〃の頃は、曲を作るのと車でスピード出すのと、まあその他いろいろで自分に勢いをつけてたから、すごく大事だったんですけど。でも、今や車が普通の足みたいになっちゃったんですね。そうすると、新鮮味が……まあ、半ば痩せ我慢もあるんですけどね。

メンバーは、僕のそういうバンド寄りな姿勢を、ちゃんと正面から受け止めてくれてましたね。でも、曲の作り方を忘れちゃってですねえ……どうしていいかわかんなかったんですよ、実際。でも、全部慣れていくんですね。

以前の、自分ひとりでデモテープを作るっていう作業も、すごく新鮮だったんですよ。でも、それも慣れてくると——新しいことをやってるうちは昂揚するんだけども、慣れてくると緊張感がなくなってきちゃって、当たり前のことになってきちゃって……だから大変ですね、曲作りっていうのは。自分と向き合わなきゃいけないから。

それだけ今回の曲作りのやり方は、僕にとっては大きな変化だったんですよね。自分に還るというかね。でも「還る」っていうと「死ぬ」ってことかな、なんて思っちゃうんですけど。まあ、それは置いといて……だから、何か模索してるんでしょうねえ。

何しろ、荒涼としてはきたと思います。殺伐としてきたんですよ、心が。曲とか歌詞が変わってきたのは、それがすごく反映されてる気がします。

まあ、実は今でも相当夢見がちなところはあるんですが、その夢見がちなところが非常に現実的になってきたと。

僕は10代、20代の頃は、「メロディがすべてを解決する」くらいのことを思って作ってたわけです。で、今でもそう思いたいんですが、そこまで自分のメロディを信じられないんですよね。

そういう中で、「すごくリアルにやる」ってなると、こうなったんです。ガサツっていうか……でも、そこが僕はすごくリアルで、殺伐としていて、自分ではいいところ、自分の今の感じが出たと思ってます。

だから、火鉢の話に始まって……あれは日本家屋に戻そうと思ってたわけですよ。日本人には日本家屋が合ってるだろうと、個人の世界観の中では真剣に思い込んでたわけですよ。日本人は日本の生活様式に戻るべきだと。しかも、戻そうと思ってたんですよ。

そういう夢見がちなところは、なくなっちゃいけないもんなんだけども、でもないんですよね。ないのに無理矢理やるとまずいなっていうのがあって。そういう意味で、殺伐としてて、それはリアルなのかなっていう風に思ったんです。

「殺伐としてる」っていうのは、悪い意味じゃないんですよ。その荒涼感っていうのは。だって、火鉢とか「日本家屋に戻す」っていうのは、相当リアルに考えてたわけですからね。京都に行って泣いたりとかね。

当時、散歩がすごく好きだったんですけど……明治、大正時代の小説を読んで、それが本物だって思い込んじゃってるわけなんですよ、こっちは。

たとえば、綾瀬川っていう川があるんですけど、それが明治時代の小説で「そこで竹竿でキス釣りをしている親父がいる」って描写されてるとすると、僕は今もそれだっていう風に思っているわけですよ。

で、実際に行くとですね、当然そんな親父はいないし、それどころかもう、排水でドブみたいになってるわけですよね。そうすると、「これは間違ってる」って思う——それがリアルな想いだったんですよ。でも今は、そういう風には………思ってるんです。今でも思ってるんですよ。でも、すぐは無理だと。

昔はそれこそ「じゃあ工場なんてぶっ壊せ」「元に戻せばいいじゃねえか」ぐらいの感じだったんですよ、僕ひとりの世界ではね。だけど今は、「最終的には壊してやろう」とはどっかで思うんだけど、「とりあえず今あるこの工場は認めよう」ぐらいには思ってるんですよね。まあ、ようやく少し大人になったんですかねえ。

曲自体は、実は相当ラフに作ったんですよ。何しろ「今のそのままを出したい」と思ったんです。だから、できたものをすぐ、そのままバンドでやる、という作業を最終的にしていったんですよね。

ただねえ……面白いのが、リハをやってると、メンバーと心では通じるわけです。通じるんだけど、でも「ミヤジは相当気合い入ってるから、俺たちもやんなきゃいけないんだけど……でも体が動かねえな」みたいなね。

合宿なんかもやって、「初心に返ろう！　俺たちは1stアルバム以前に返るんだ！」という話を無理矢理しながらやったんですけど。でも、あまりに進まない、1曲に8時間もかかったりして面倒臭いんで、もう帰ってきちゃいました、僕。

みんな、何しろ練習が長いんですよ。でも寒いから——山中湖の合宿所でやったんですけど——しょうがないから、僕だけ先に帰ってきて、暖炉にあたってましたね。

バンドはバンドでしっかりやってますね、精神的にはすごくしっかり。でも、メンバーは……すごく苦労してる意識はあるんですが、どうしたらいいかわかんないんですよね。まあ、練習をしっかりやれば、かなりの部分で改善されていくと思います。


《そうさオレはまだ生きている》（〝ハロー人生‼〟）っていうのは、それくらいしか言うことがなくて、「生きてるんだな」っていうところから……でもまあ、やっぱりそれが正直なところなんでしょうね。

僕は芸術家でも何でもないんですよね、向き合ってみるとね。いい曲を作って、それをちゃんと歌って、初めて一人前なんですよ。当たり前のことなんですけど。

だけど僕、全然向き合ってないことはないんですけど、かわいこぶって逃げるんですよね。それはでも、性格だからしょうがないんだけど……要するに、芸術家的なスタンスで、「孤高の人」として居心地の好いところに逃げてしまうのはもうやめようと。これで生きてますからね。それをよりリアルに考えるようになりましたね。

僕はいたずらに神格化しがちですからね。だけど永井荷風だって、当然すごい生活臭バリバリで生きてたと思うし。そこんところが欠落してた気がするんですよ。生きてる人のすごく必死な姿勢とか、「しがみついてでも生きていくぞ」みたいな、そういうところに感動してきたはずなのに、自分は何か無理矢理イメージ作りを先行させてたのかな、と。

渋谷さんに昔、「お化粧だけ直したって仕方ない」って言われたこともありますけど。でも僕の想いとしては、今はその本来のところで勝負していこうと思ってます。1stアルバムの時とは違う。ちゃんと意識的になってる。

〝季節はずれの男〟の《パロディよりも悲しいおどけ者／努力を忘れた男のナミダは汚い／言い訳するなよ　おのれを愛せよ／鳥が飛ぶように俺よ歩け／ライバルで無き友よ　さらば》って、誰が聴いても明らかに僕が主人公ですからね。

でも、「生々しい」とか言ってらんないっすよ。だってネタがないんですから。本当に自分と勝負しなきゃならなくなったから……ただこれ、ロマンがなさすぎるんですよね(笑)。

今回、部屋で夜中にずーっと歌詞を作るのが日課になった時期がありました。

僕はいつもメロディ先行型で、歌詞はいつも後から悪戦苦闘しながら作るんですけど。今回も歌詞は最後で、でも「今回の方向性はこれだな」っていうのはあって。

『DEAD OR ALIVE』に〝未来の生命体〟という曲があって——それは「俺は自分の心

を掘り下げていくんだ」っていう内容の歌詞で。その時に思ったんですね、「俺にはこの方向性しかねえな」と。

すごく地に足が着いてる感じがしてきたんですね。それはいい悪いじゃなくて、「現状、自分はこれだ」っていうことを認識する能力が備わってきた——って言うと、ほとんどバカみたいですけど(笑)。自分はこれだっていうのを、イメージ先行じゃなく、気分じゃなく、しっかり認識したんです。

まあ、具体的に言うと「バンドでやっていくんだ」っていうね。俺がもっといい曲を作って、それをバンドでやるんだっていう、すごくシンプルな立ち位置に立ったっていうことが、明快にみんなにわかってもらえる、そういう内容にはなったと思います。

最初の話に戻っちゃうんですけど……やっぱりバンドと向き合う、自分と向き合うってなってくると、嘘やごまかしはできなくなっちゃいますよね。

もしかして830万枚くらい売れちゃったら、また調子に乗ってわかんなくなっちゃうかもしれないですけど——ただ、俺はそうやってやってきたと思うんだよなあ！　ちゃんと「自分はこれなんだ」って！

まあ、テレビに出たのも大きかったと思うんですけど。この前もジャケット撮影の時、狼を貸してくれたおじさんに「テレビに出て髪の毛ぐしゃぐしゃする人でしょ?」とか言われて。そういうことが多くなっちゃったんですよね。でも、それは違うんじゃないかと(笑)。俺は歌手なんだから。だから、歌手である自分に還りたいんでしょうね。だからそれをとにかくやる、と。そういうところには立ててたんですよね。

もともと演説とかも好きだし、「テレビに出て喋ってるのは俺じゃない」っていうこともないんですけど。でも、歌よりもそっちの方が有名っていうのはやっぱり違うんじゃないか、ヤバいんじゃないかっていうね。

今年になってから「BATTLE ON FRIDAY」っていう対バンシリーズ（syrup16g、HUSKING BEE、THE BACK HORN、MO'SOME TONEBENDER、BRAHMANが出演）をやったんですけど……いやあ、すべてのバンドに完敗したんですよ。

雰囲気的には独特のものがありますけど、実際になってみたら完敗でしたね。バンドとしてはヨタヨタ。だからその、現状が出たというか。僕はそれは実はすごく良かったと思うんですよ。僕も含めて、4人がちゃんと現状を認識できたから。ライブはヤバいと思いました、あれで。

ただ、それは意識としては、自分たちでちゃんと受け止めたと思うんですね。今度はそれを夏のフェスやイベントでしっかりやっていく——いや、そうなっていくはずです、認識してるわけですから。

今回のアルバムにも表れてる、バンドサウンド全体の武力が足りないっていう部分が、「BATTLE ON FRIDAY」ですごくはっきり出ちゃったわけなんですよね。

僕らはもともと演奏は下手で、ただ若さとソリッドさで勝負してきたところがあって。

だから、若さがなくなってみると、味わいが深すぎるっていうか。それって、わかる人にはわかるんだけど、じゃあそれが音楽としてどうかと言うと……それは絶対に良くしていかなきゃいけない課題です。

だから、今は変に兜を脱いでるんじゃなくて、それはわかってて「でもこれだ！」って出してるところがあって。それはやっぱり、ライブで一番出ますね。アルバムだと、エンジニアの人が頑張ってくれて音で何とかごまかせる部分があるんですけど。これは一番の課題です。

でも、それを僕が意識し始めたし、それをたとえば小林さんのアレンジでごまかそうっていうんじゃなくて、バンドで練習してやっていこうぜ！となってるんで。これは——早晩とまではいかないけど、確実にライブ等で改善されていきます。改善します。

メンバーも、精神的にはいい感じだと思います。トミは〝生命賛歌〟が大好きで。彼は自分のドラムで一番歯痒い思いをしてると思うんだけど……そんなこと言っちゃいけないのかな？　まあいいや。でも、すごい好きみたいで。すごく気分が良さそうですね。

あの、僕がこの前びっくりしたのは、石君が角刈りにしてて。中国の卓球の選手みたいになってるんですよね。そうするとなんかこう、「どうしようかなあ？」みたいな。引っ張ったりできなくなっちゃったし……まあ、ああいうことをするのはやめた方がいいんですかね？　あれは単純に、メンバーに対する僕の甘えですから。

今は……うーん……あの、曲をいっぱい作りたいです、何しろ。「下手な鉄砲も数撃ちゃ当たる」っていう言葉もありますし、いっぱい曲作りたいんですけど(笑)。ただ、やっぱりアルバムっていうのはある程度、人に評価してもらったりするまでは区切りがつかなくて。なかなか新しい曲の方に想いが行かないですね。ただ、「曲を作りたい」っていう想いは強いんで、いっぱい作ります。僕の生活しだいですね。音楽に集中できるように、自分で。ごまかさないでね。

第五章

『扉』

――死に様にこそ男あり

歴史

一、歴史…青年期あらゆる希望を胸に、いきりたって
人に喧嘩(論争)をふっかけた鷗外。以後
官僚として栄達をのぞみ、
ドロドロした権力闘争にも身を置いた鷗外。
歴史…それは男の当然の生き様であるが、
晩年のわずか五年間、鷗外、栄達がのぞめなくなると
急に肩の荷が降りたのだろうか？
小説家森鷗外が俄然輝きを増す。
彼は負けたのだろうか？
男の生涯、ただの男になって死に様を見つけた。

二、歴史…名作『山椒大夫』、そして『渋江抽斎』に至って
輝きは極限、そう極限に達した。凄味のある口語文は最高さ。

歴史ＳＯＮＧ　歴史ＳＯＮＧ読む者を酔わせてやまない。
されど凄味のある文章とは裏腹。
鷗外の姿はやけに穏やかだった。晩年の鷗外。

三、歴史…男の生涯にとって、死に様こそが生き様だ。
歴史ＳＯＮＧ　歴史ＳＯＮＧ、大いなる歴史の中で。
歴史の末裔たるぼくら。残された時間の中で
ぼくら死に場所を見つけるんだ。
ぼくら死に場所を見つけるんだ。
それがぼくらの、ぼくらの未来だ。

「死がここにある」っていうのを意識した森鷗外のギリギリのポップさがいいと思う

――2004年3月31日、アルバム『扉』リリース

《歴史…青年期あらゆる希望を胸に、いきりたって人に喧嘩（論争）をふっかけた鷗外。以後官僚として栄達をのぞみ、ドロドロした権力闘争にも身を置いた鷗外。》
《歴史…それは男の当然の生き様であるが、晩年のわずか五年間、鷗外、栄達がのぞめなくなると急に肩の荷が降りたのだろうか？》
《小説家森鷗外が俄然輝きを増す。》
《彼は負けたのだろうか？男の生涯、ただの男になって死に様を見つけた。》

（〝歴史〟）

この〝歴史〟の歌詞はね……スタッフのひとりが、『東京の空』（『bridge』『ROCKIN'ON JAPAN』誌の随筆連載）とかで僕の文章を見てて「非常にカッコいい」と。「なんであれを詞でやらないの？」ってよく言ってたんですよ、俺に。彼は「宮本くんのあの文章からは、すごくメロディが聴こえてくる」って言うわけですよ。それで、なるほどなあと。

確かに、言われてみると、すっごく一生懸命やってるんですよ、あの『東京の空』の原稿は。締切もあるし、雑誌って僕だけのものじゃないってこともあって、ちょっと緊張感があるっていうか。公共の場所に行くような感じがして、書くのはすごく気合いが入ってたんですよ。

何て言うんですかね……俺、あんなに詞を一生懸命書かないんですよ。マズいんですけど(笑)。メロディがあるし——あとはやっぱり技術的に、自分の歌声に頼むところがあるんで、歌手だから。

ところが、文章だけだと、「メロディもそこに響かせなきゃ」っていうのをどっかで思うから、すんごい気合い入るわけですよ。そういうことですよね。

僕は好きなんですよ、森鷗外が。それを夜中に文章に書いて、ほとんどそのまま〝歴史〟の歌詞にしました(笑)。

森鷗外の、特に晩年の割腹自殺ものがすごいカッコよくて。割腹自殺する日本人がいっぱい出てきたり、あとは敵討ちとか……そこに「生きる何か」を見出してるんですよね。それをレコーディング中に毎日読んでて、寝る前とかもずっと読んじゃってて……だから、自分としてはタイムリーな話題だったんで、意外なほど歌いやすかったんですよね。まあ、自分でもびっくりしたんですけど。

ただ、この曲は去年(2003年)の「ROCK IN JAPAN FES.」の時に歌詞なしでやって、評判が良かったんで、自分としてはこれを本当はシングルにしたかったんですよね。そのための詞をすっごい考えてたら、もう具合悪くなってきちゃって……こう、届かないところに行っちゃったんですよ。

それでまあ、鷗外のことが、自分としては一番タイムリーだったんで……そういう意味では、自分としてはちょっとランクが下がってるんですよ。もっと壮大な曲を、僕はイメージしてたんで、このメロディができた時に。

別に「前人未踏の地に足を踏み入れてる」みたいな感覚もなかったですね。苦しいもんですから。締切と同じで――もう明日歌わなきゃいけないっていう状況だったんですよ。それでもう時間がないんで、「あぁー！」っつって森鷗外のこと書いて。

本当はこの文章を、さらに詞にしようと思ってたんですよ、メロディに合わせて。そしたら、その場で「このままでいいんじゃないか？」っていう話になったんで、そのまま歌いました。

だから、文章を書くことが〝歴史〟のすごいヒントになったんですよ。それは〝ガストロンジャー〟の時もそうだったんです。

僕は、かつて『bridge』の判型が大きかった時に連載が始まった『東京の空』で、初めて文章を書いたんですけど。あれはやっぱりいい経験で――その後『(週刊)プレイボーイ』でも連載をやって。両方ともすごい気合いの入った作業だったんです。

メロディがない分、もう見栄から何から全部入れるんですよ。あと、バンドと違って自分で最初から最後までできるんで、それはやっぱり隅々まで気合いを入れましたね。すごいテンション高かったし、何しろご飯も食べないでっていうようにして書いた原稿だったもんですから。それがいい経験になってて。

だから、「あの感覚で詞が作れたら、これは素晴らしいな」っていうことを思ってはいたんです。で、〝ガストロンジャー〟はまさにそうだったんですよ。「文章を書く感覚と想いで詞を書く」っていうのは、テーマとしてはずっとあったと思うんですよね。〝ガストロンジャー〟とか、〝遁生〟もそれに近いんだろうなあ。

〝化ケモノ青年〟も、文章バージョンと同じ意味でいい作り方ができたんですけども。これ、演奏は仮歌で一発録りでやったんですけど、その仮歌の時にですね、♪お～い今夜は酒もってこ～い……って、急に浮かんだんですよ。合ったんですよ、すごく。

そしたらみんながワーッと笑って。最初はすごく嫌だったんですけどね、いい加減だから。ただ、演奏とほぼ同時期に、そのテンションの高まりと一緒に、何にも考えないで歌詞が出るっていうのは、やっぱりスピード感があるんでいいんでしょうね、と今は思ってるんですけど。

その時は、要するに僕は「詞っていうのは家に帰って考えるもんだ」っていう頭がどっかに残ってるんで、その場でバッてできちゃったものってちょっと恥ずかしかったんですけど……まあ、そういう風にバッとできた詞です。《oh ファイティングマン》とか《黒いバラとりはらい》（〝ファイティングマン〟）とか、あれにちょっと近いですね。

その後は《アノ19世紀以来　今日に至るまで／この国の男の魂は右往左往》って続いていくんですけど……その「19世紀」っていうのも、なぜか《おい今夜は酒もってこい》って言った途端に浮かんだんですよ。

だから、たぶんワンセットだったんですよね、《酒もってこい》と《19世紀》が……それは何なんでしょうね？　でも、仮歌の時からもともと《世紀》って言ってたんですよ。仮歌の言葉がそのまま歌になると、すごくいいんですよね。

あとはやっぱり、普段の生活がちゃんとしてるといいんですよねえ。〝化ケモノ青年〟を作り始めた瞬間には「日本的な男の世界観」みたいなテーマはなかったと思うんですけど――〝珍奇男〟もバババババッと作っちゃった曲の一種なんですけど、やっぱりその時の自分が出ますからね、そういう時って。

要するに、ウンウン唸っても出ないものは出ないんですけど、出ちゃった時っていうのは、普段の自分が出ます。その時に思ってたことが、ちゃんと出るんですよ。だからやっぱり、普段の生活って大事ですねえ。

その、「普段の生活が大事だ」っていう風に思ったのは……『東京の空』の原稿は、実は自分の中でクオリティが非常に高いものなんですよ。詞なんですよね。「体力的にも精神的にもキャラクター的にも、一個のことに集中しないと、いいものってできないんじゃないかな」って単純に思って、それでもう原稿を全部やめたんです。そういうことの積み重ねなんですよね。非常に素朴なことで申し訳ないんだけど。

そもそも歌手っつうかシンガーソングライターって、非常にバラエティに富む職種なんですね。メロディを作って、歌詞を書いて、さらにコンサートをやるっていう、この3つだけを見てもそうですけど。

僕は当時「退路を断つ」っていう言い方をしてたんだけど、実は違って。体力的にも精神的にも、あとキャラクター的にも、やっぱり一個のことに集中してグッとやるっていう形じゃないと、もたないって思ったんですよ。死んじゃうっていうか、ヤバいと。

だからもう、音楽、歌詞のことだけ考えなきゃいけないんじゃないかって──まあ、こんなことは言葉にすることじゃないんだけど、それってすごい大事なことなんじゃないか、っていう風に思って、いろいろと整理はしました。

そんな中で、自分の立場とか、初めてちょっと考えたんですよね。年齢的なことも考えたし。勝負するんだったら、今やんなきゃいつやるんだって──そういう気持ちが、全部に出てるんだと思います。だって、レコーディング中に、久しぶりに使ってない脳を使ったせいか、具合悪くなっちゃって。1週間ぐらい病院にも行きましたから。すごい毒が出た感じしましたね(笑)。

ただ、僕も盛んにメンバーにね、「一夜漬けじゃダメなんだ」っていうことを言ってたんですよね。よく考えてみたら学校の先生も言いますよね、「ダメだよ、一夜漬けじゃあ。普段ちゃんと勉強してて、それの積み重ねなんだよ」って。やっぱりそういうことだなと思って。普段の暮らしを、これからもっとタイトにしていって。あんまり浮つかないで、自分って何だろう？っていうのをちゃんと考えることが、僕らの職業には大事だっていう……まあ当たり前のことで、みんなやってることなんだろうなあ。でも、それを自分で気づいてやった第一弾なんですよ、たぶんこの『扉』っていうアルバムは。

これの前の『俺の道』っていうアルバムが、その内容の良し悪しは別として、僕は非常に思い切って歌が歌えた、久しぶりのレコードだったんですよ。その勢いがあったんで、「次のアルバムはもっと歌が思いっきり歌えるようにしたい」とか、「こういう風にしたい」っていう自分たちの技術的な目標がひとつふたつできたんですよね。

その目標をイメージしながら、すぐにスタジオに行って、毎日曲を作るっていうことを始めて……ただ、今までみたいに作ると、すごい複雑になっていっちゃうんで、敢えて「すごいスピードで曲を作る」っていうことをやったんですよ。

あまり考えないで、とにかくスピードで作ろうと。それがいいか悪いかさっぱりわかんなかったんですが、いつもだと考えちゃってどんどん複雑になってくところを、「シンプルにシンプルに」って。

だから、〝化ケモノ青年〟も、実は3コードなんですよ。でも、僕のメロディと声とで、ちゃんと充実した状態でやれば、それは十分曲として振り幅のあるものになっていくんですね。まあ、それは歌詞を入れてできあがってから思ったんですけど。

「今回はシンプルに行こう」とか、そういう精神論みたいなことはですね、むしろメンバーみんな楽しみにしているというか――何しろ「明日は1時から練習しよう」って言うと、11時半に来る人たちですからね(笑)。だからみんな、僕がスタジオに入って行くと、「今日は何の講話が聞けるのかしら」みたいな状態になってるというか。

「今回は一発録りでシンプルにして、この特徴を際立たせなければならない」とかいう話をすると、「うんうん」って緊張して聞く、みたいな意識がメンバーにはあるんだと思う。

「俺は君たちのお父さんかい!」ってよく言いました、練習中に(笑)。

まあ、石君っていういいお母さん役もいますからね。でも、音楽に関して言うと、やっぱり僕がお父さんにならざるを得ないでしょうね。普段の生活ではそんなことないと思うんですけど。

そこで「お前らも、『それは違うと思う』とか、何か言ってこいよ!」っていう気持ちはもうずっとあったんですけど……でも今回、それも振り切ったんですよ。前作まではそれをやってたんですけど、もうバンドって決めたんだから、要は俺だろ?と。別に変な意味じゃなくて、「自分で決めてこれをやってるんだから、そこにみんなが後から文句を言うのは変じゃないか」って。

やっぱり、この歳になって息子とかいないとですね、そういう風に思ってくるところはあるんでしょうねえ、曲もメンバーも――みんなは僕のことを息子って思ってるかもしれないですけど、音楽的には間違いなく、お父さんの立場ではあると思います。

そういう意味では、年齢的にも、バンドの歴史的にも、ターニングポイントですよね。でも、僕は「あと3年ぐらいは大丈夫だな」っていう風に思ってます。っていうのは、もう決めちゃったんで。少なくとも――何て言うか、「他にやることねえじゃねえか！」っていうことですよね。

あと、もうひとつ思ったのは……僕は将棋とか好きで、車を運転するのもすごく好きなんですけど。どっちもプロには――シューマッハにも羽生善治にも、どう考えても勝てないんですよ。もちろん、森鷗外にも勝てないですよ、文章じゃあね。でも、歌と歌詞、あとパフォーマンスを含めて、ようやく彼らに対抗できるんです。まあ、比較するわけじゃないんだけど。

『俺の道』っていうアルバムを作ってね、あれで自分に言い聞かせたんですよね。「お前は勉強しなきゃダメなんじゃないか？」「お前はこういう男なんじゃないか？」って。あれでちょっと、自己暗示じゃないですけど自分を洗脳して、それで今回のアルバムに移ってきたんですよ。

たとえば、滝沢馬琴って大衆文化の極致じゃないですか。浮世絵なんかもそう。葛飾北斎が『凱風快晴』（『富嶽三十六景』の一枚）っていう傑作を描いたのは70代の時だって聞いて、僕は本当に驚いたんですよ、その努力と精進と根性と気迫に。

森鷗外ももちろんそうですし、そういうすごい先人がいるんですよね。そういう文化はあるんですよ、日本って。大衆文化の中で、非常に優れたものが数々あって、それを誇りとプライドを持ってやり続けた人たちはたくさんいて——現代にだってきっといっぱいいると思うんですが、ただ時代がどうしても非常に豊かですからね。「死がここにある」っていうのを意識するチャンスもなかなか少ない。それを意識した、ギリギリのポップさっていうか、そういうのがいいんじゃないかなって。

葛飾北斎は、浮世絵が安いものだからってひとつも手を抜いてないですよ。なんであれに全エネルギーを注ぐのかっていうぐらい、もうすべてのエネルギーを注いでますよね。それは素敵だなあって思って。しかも一番カッコいいのが、彼らがナンバーワンだったことなんですよ。そうじゃなきゃ憧れないですよね。やっぱり、一番売れてるっていうのはカッコいいことです。

そういう、すごい先人の魂みたいなものは、僕もなんとか——あやかりたいじゃないですけど、拝みたいです。僕、初詣で滝沢馬琴のお墓に行きましたもん。先祖の墓に行かないで、滝沢馬琴の墓に先に行っちゃっていいのかな?と思いつつ(笑)。

このアルバムを作る時は、意識してたくさん曲を作ったんですよね。さっき言ったみたいに、あんまり考えないでどんどん作るっていう——それを自分に課した時期があって。

2ヶ月ぐらい丸々、1日2曲とか3曲とか作ってたもんだから、結果的に100曲とかにはなってたんでしょうね。まあ、同じサビのようなのもたくさんありますけど、レコーディングできる曲だけでも50曲ぐらいはあったんですよ。

まあ、ミュージシャンだから当たり前のことなんですけどね、曲を作るのは。でも、できてくる曲もいつもと全然違うし……不安なもんですよね。もう、雲を掴むような話っていうんですか？「どんどん作っていく」って決めた時点で、メロディなんかが僕にはすごくラフに聴こえちゃってて。

でもやってみると、すごいラフに作った曲が、ちゃんと曲になるから驚きました。やっぱり楽しいんですよね……歌うと健康にいいんですかね？ただこれ、「曲があんまり良くないんじゃないか？」って思うと、途端に具合が悪くなっちゃうんですよね。だから、いい曲だなって思えるのが嬉しくて……それがこの〝歴史〟だったんですよ。「これはいい曲だなあ」って思って、楽しくて。で、「これでもういいや」っていう風に思って、一回その作業を終えたんですよね。この曲ができて終わったんですよ、その2ヶ月の作業の締めだったんです。だから、この曲がやっぱり大事で。できた時に「シングルになるといいな」って思うもんなんですよ。

ここまでたくさん曲を作ったのは初めてでしたね。これがいいかどうかは、その時はちょっとわかんなかったけど、「やれば何とかなるんだな」っていうのは思いましたね。だって、馬琴って朝の10時から夜の10時までずーっと書き続けた挙げ句、今度は夜の10時から朝の10時まで本を読んでたらしいんですよ。「この人いつ寝てるんだろう？」っていう……それを見せられちゃいますとねぇ(笑)。

まあ、100万枚とか売れてれば、それに伴うストレスも多いだろうし、2年に1枚、3年に1枚でもいいかもしれないけど。僕らみたいなミュージシャンは、そりゃもう毎日働いていかなきゃ。

だから、今もレコーディングしたくてしょうがないんですよ。時は金なり！みたいな。やっぱり時間もないし。時は命なりっていうね。もうね、ヤバいなあと思います、ほんと。世阿弥の『風姿花伝』を読んだら、35歳が能の絶頂だっていうんですよ。さすがだと思いましたね。世阿弥っていう名前がカッコいいから買ったんですけど、『風姿花伝』は(笑)。35までに自分のスタイルのない奴は、40過ぎてからいくらやったってダメだ、って書いてあるんです。35までに自分のスタイルもあって一度成功しておけば、それはもう大丈夫だって。そこでダメな奴はダメだって書いてあって、すごいショックで。

でもこのアルバムで……自信っていうか、「何とかやっていく、音楽でやっていくぞ！」っていう風に思いましたね、3年ぐらいは(笑)。創作意欲に燃えてますね。久しぶり――っていうか、生まれて初めてですね。

ケツに火も点きつつ、でも自覚的にやってるっていう……これが僕にとっては、割と充実した時間で。自然にやってるんじゃなくて、意識して、自分のある程度の技術みたいなのも自覚して、なおかつケツにも火ぃ点いてるし、みたいなね。

あとはもうちょっと、本当の意味での緊張感を、もう一回味わいたいですね。世間と本当につながってるっていうか。僕は歌うのが仕事なんで、何しろそれに向かってエネルギーを使って、そこの戦線でやってるっていうのを、僕だけじゃなくてみんなも意識する状況のところにもう一回行くまで、何とか努力したいですね。

世の中におけるポジションとしては……空中浮遊をしてる状態だと思いますね、現段階では。それはやっぱり、売れてないからなんですよ。

ただ、これは一方の雄だと思いますよ。売上が伴ってないんで、ポツンといるみたいに見えるんですが、売上が実体に伴ってくるような働きをちゃんと今後できれば——桑田佳祐が一方の雄であるとすれば、もう一方の側の雄、という存在ではあるんですよ。

これは別に傲慢な意味でも何でもなくて、間違いなくそうなんじゃないかっていう風に——思いたい、思えるといいなっていうことで。そのためには努力しないといけないんですけど。だから、努力ですよね。年齢もヤバいですし。

でも、音楽的にはノンジャンルですけど、この歌と歌詞に関しては——このアルバムでやろうとしてること自体は、努力してなれるもんじゃないんじゃねえかな、っていう気はしますね。

とはいえ、あんまり偉そうなこと言っちゃうと、ますます売れなくなっちゃうんで。売れてる人が言ってるとカッコいいんですよね、こういうのって……まあでも、売れてようが売れてまいが、ずっと同じことを言えばいいんだから。

だからたぶん、いい状態なんだろうと思いますね。やる気にはなってるんですよね。「努力して積み重ねなきゃな」っていうのは、自分で発見できたんで、少し落ち着いてます。《ついに僕はおよぎはじめた》（〝一万回目の旅のはじまり〟）っていう……わかりやすすぎちゃうんですけどね。とりあえず頑張ります。

第六章　『凪』——退屈の果ての悟り

平成理想主義

ヘイヘイ　其處なるヒトよ
俺んちに来ないか？
悲しい面持ちすな！
全てを知ってるくせに

まあ長く生きてきたなぁ
おかげで闇を知った
さらぬだに凪を感じ
愛さえわかりはじめた

オイオイ
この街もノリがなくてつまらねえな
だが　おかげで何かを感じ
夢さえ抱きはじめた

きっと簡単なことさ
まだ歩みとまらないさ
平成理想主義の人
はて？いつ目醒めることやら…

I like airplane
I like flower I like flower

空・宇宙…

ヘイヘイ　お前だよ、お前
何処かへ行かねえか？
さらぬだに着飾って
一緒に行かねえか？

もっと単純なことさ
まだ風　感じつづけるさ
平成理想主義の人
はてさて、いつまで寝たふりするやら…

平成理想主義の人いつ起きんの？いつ目醒めるの？

いい風吹いて、オイいい風吹いた。行け　行け。
はてさて、いつまで寝たふりするの

ヘイヘイ
行こう月の浜辺へ。夜中星空の下歩こうよ二人で…。
さらぬだに風を感じ　波の音聞こえる浜辺に、
世界で一番大切な君と…。ああ
出かけよう…。ああ

平成理想主義の人いつ目醒める事やら？
いつまで寝たふりするやら？

明るい雰囲気をバラ撒いてる者として、もう一回俺は再生しなきゃいけない

――2004年4月29日、アルバム『風』リリース

『扉』が半年前に出て――その時はもう「考えないで曲を作ろう」と思ってたんで。「この勢いでどんどん出していきたい」って。そういう、「攻撃的にならなければならない」というか、「やらなければならない」という意識はあったですね。

とにかく働いて、自分の歌詞でも《おのれの全部使い果たせ》(〝パワー・イン・ザ・ワールド〟)みたいなことを宣言してますし、自分ができることって音楽なんだし、シンガーソングライターなんだから、働くってそういうことだろう、っていう意識はありますね。

今のバンド内っていうのがですね、「今後の自分たちのことを考えていく上でも、思いっきりやっとかないと後悔するんじゃないか?」っていうのがありまして。

まあ、誰でも考えるような人生問題のひとつなんですけど、僕らぼちぼち中年になってきましたから。でき得る限りの力を今、この4人の音でちゃんと出したいっていう、理想というか目的を、お互いにはっきり口に出して言うようになってきて。

石君が無理矢理リハーサルの時に、すっげえ必死の覚悟で発言したりとかかっていうシー

ンが何回か見られたり……そういう意識ではあるんですね、4人とも。何とかもう一回やっていくぞという。明快に、自分たちが何をやりたくて、何をやりたくないのか、を確認する。そういう、「前に行くぞ」っていう意識はすごくありますねえ。

ただ、半年でアルバムを作るっていう作業は大変でしたね。合間にツアーもありましたし、やっぱり時間があんまりなかったし。

ただ、今回やってて、自分の中で一番嬉しかったのは、その短い時間の中で――良し悪しは別として――詞をすごく丁寧に作ることができたんですね。自分の中で、歌詞の流れが良くて、どうってことないことまで歌えたんですよ。

「夜、詞ができなくてコンビニまで散歩して、周りをぐるぐる回って夜中帰ってくる」みたいな、そういう歌ができてすごく嬉しかったんですね。「こんなことでも歌詞になるのか！」というちょっとした喜びが――っていうか実は非常に大きな喜びなんですが。興奮してないし、肩肘も張ってないしっていう。割と素直に詞を作れたのが、すごく良かったです。だから、この先の詞の作り方のヒントを得たように思いましたねえ。

今までにもそういう、肩の力が抜けたような詞はありましたけど、それとは全然違ってましたね、必死でしたから。「あと何日で作らなきゃいけない」っていう締切のこともあったんですけど、割とギリギリで、ほんとに「ヤべえヤべえ」って。そういう時にスッと出たんで、意外っちゃあ意外で。全然気が楽でも何でもないのに、夜に散歩してる歌が出て嬉しかったですよね。

まあ、良し悪しっていうより、そういうこともちゃんと真面目に考えていけば、いい詞ができるんじゃないか、って発見できたような時間帯があったんですよ、レコーディングの後半の方で。それが収穫というか、成長というか——少し大人になれたのかな？　上手くコントロールできるようになったかな?って、そんな気はしました。特に最近は、「大上段で言わなきゃいけないんじゃないか」って、自分でもちょっと自分に課してたところがありましたから。


今回はアレンジャーとかプロデューサーに入ってもらったことも大きかったですね。〝友達がいるのさ〟は、曲がもともとあったところに、久保田光太郎っていう優秀なギタリスト、ある種の職人にアレンジをしてもらっちゃったんですよ、細かいところまで。ちょっと恥ずかしい話ですが、僕らはある意味で非常に素人集団でして。もちろん、意識は富士山よりも高いところで「売れるぞ売れるぞ」って日夜思い続けてるんですが、実際は技術的な訓練を怠っても、何とかやってこれちゃったと。

で、久保田君だけでなくて、ライブのサポートをしてくれるみんなも、やっぱり異常に上手いわけですよ。すごいプロフェッショナルでねえ。ギターが大好きで、いろんな現場を渡り歩いてる職人ですから、いろんなことがわかってるし。俺たちより若いけど、いろんなとこで鍛えられてるし、なおかつ自分の腕一本で勝負してる。その彼がアレンジしてくれたことで、歌いやすくはなりましたね。

僕、『凪』というアルバムではギターをほとんど自分で弾かないことにしたんです。久しぶりに「ギター弾くのやめた！」っつって我慢して、もう歌だけに専念して。で、石君にも「任せたから」って言って。

要するに、バンドアンサンブルの中で、僕のギターは非常に癖が強いんですね。良し悪しを別にして、僕は自分の好きなリズム感みたいなのを持ってますから、僕の歌とギターで成立してしまうんですよ。「だったらソロでもいいんじゃないか」とかって考えてしまって、でもそこまで踏ん切りがつかない自分もいると。

でも「バンドなんだから、バンドのアンサンブルに歌を乗せるのが当たり前なんじゃないか」って思いましてですね――まあ比較にならないですけど、レッチリ（レッド・ホット・チリ・ペッパーズ）とかはまさにバンドのアンサンブルだし、そういうものに遅ればせながらちょっとトライしようと。1stアルバムの頃はそうだったからね。

自分たちでアレンジすると、僕がどうしてもギター弾きのアレンジにしてしまうから、プロフェッショナルなアレンジャーに頼んで、歌を歌うって作業をやったわけですね。

僕にとっても、バンドのグループで歌うってすごく久しぶりで。

そしたら、あの……大した変化じゃなく聴こえるんですが、僕としては具合悪くなっちゃうぐらい、自分たちのグループが違うんです、石君とトミと成ちゃんの3人で作ると。

アレンジはもちろん久保田君が作るものなんだけど、ノリはその3人が作らなきゃいけなくて。そしたらこれが、詞が作りにくくなっちゃうぐらい違うんですよ。

だから、音楽的にはもう完全に僕の支配に引きずられてた4人が、そうじゃないものにトライしていく――これがライブにも上手くつながっていくといいなっていう想いで、「これでいけるところまでもう一回やろう」と。

結果的に、この曲に関してはいい雰囲気で新鮮さがあったと思います。僕にとってもすごく刺激的でした。

でも、正直「これはやっぱりすげえ難しいなあ」と思いましたね。

あの……「リズムが悪い」っていうんじゃなくて、今までは僕のギターと歌がリズム隊だったところが変わったわけですよ。僕がギターを弾かないことによって、明快に4人になった。その意味ですごく難しかったですねえ。でも、すっきりして聴きやすくなったような気がします。安心して歌が歌えるっていうか。

だからその、こう……衰えていく、中年の部分も含めてですね、やっぱり目標を見失いがちという実感があるんですよね。で、それは若い時から繰り返し、もうほんと小学生ぐらいの時から「退屈だなあ」「これ、もうちょっと先にいくと忙しくなるような気がしたけど……」みたいな、なんか無意味な退屈みたいなもの、何とかそれを「違うはずだ違うはずだ」ってやってきて。その原因が、何となく中年になってきてわかってくる、っていう部分が4人ともあって。

何て言うんでしょうか、何かを一生懸命、自分で確認していかないといけない時期に差しかかってるような気もしてて……まあ、音楽への向き合い方を、もう一回4人で、なあなあの付き合いじゃなくて、音で確認できないかということですよね。

久保田君が入ることによって、自分たちの手癖が明確になったっていうところもあったし……彼は一生懸命ですね、いい男で。久保田君にちょっと下駄を預けすぎてしまった曲もあって、それは個人的に反省してるんですけど。でも、単純に制作期間が短いってことも含めて、彼がいないと形になりにくい部分もあったかもしれないですね。

まあ、我々のバンドには石君っていう正規のギタリストがいるわけですけども……彼とはあんまり音楽の話はしないんですけれども、よく一緒にいて。たまに古本屋に夜中にドライブに行ったりするんですけども。

まあ石君は、メンバーの中では思ってることを一番率直に僕に話す方で、それを自分の役割って思ってくれてるみたいで……僕も含めて、石君も他のメンバーも、やっぱり恥ずかしそうな感じはしましたね。

石君は、技術的にはまったく、基本的には問題のない男なんですけどね。精神的な部分で「自分の果たすべきことがあるんじゃないか」っていう悩み方をしてたような気がしますね。「ミヤジに遠慮してる気持ち」が、ギターに全部乗り移ってしまってるから。

光太郎は僕らをちゃんと「年季の入ったバンド」として尊敬しながらも、音楽的には「自分はこうしたい」って割とはっきり――当然それが仕事ですから――言いますから。

そうすると、石君も「自分なりの基準を持ってミヤジと接した方がいいんじゃないか」っていう風に思ったんじゃないかな？　ミヤジに支配されて、それを再現しようと努めるんじゃなくて、石君の基準でギターを弾くのがいいのかなあ、みたいなことをちょっと言ってたような気がしますねえ。

今回のアルバムは、これまでのエレファントカシマシとは違ったサウンドの曲も入ってますけど……どうですかねえ？

古い曲、売れてる頃の曲は、やっぱり「歌もの」としての存在意義もありますから。そういうものを、しっかりした演奏で聴けるのは、みんな好意的に捉えてくれてるんじゃないかなって思ってます。

ただ、演奏もさることながら、「これって俺の問題だな」っていうのが、一番浮き彫りになりました。

僕は野球が好きだから、オリンピックで負けてるのとかを見ると、「何をやるにしても監督の存在感って大きいんだな」とか思いまして。団体競技って、中心選手というか、いろんなものを背負ってる人がひとりいると、周りが元気になるっていう。

そうすると、バンドの中でやっぱり、僕が元気であるかないかっていうことが、キーワードとして一番デカくてですね(笑)。僕が気分が良ければ、基本的にはまったく問題ないって思えてきたわけですよ。

すぐに人のせいにしますから、僕は。「技術的に彼らが訓練不足だ」っていうのは事実としてあるんですが、同時に僕がですね、やっぱり非常に意識が低いというか。そこと闘っていかなきゃいけないなと。

ここのところ、レコーディングが終わったにもかかわらず、具合が悪くなってきちゃってですね(笑)。「やっぱり、いい曲を作っていくノリを、自分で一生懸命に作んなきゃなあ」って。いい曲を作るのが、僕らにとっての薬かなというか、僕にとってまず第一なのはいい曲、いい歌詞だなと。だから俺が悪いなあ、って思いましたねえ。

技術的な訓練って絶対必要だし、それと同時に宮本の、音楽的な気持ちになるための、なんかそういう……うーん……それこそ《使い尽くせ》っていうか。才能ないわけじゃないんだからお前はと――これは自分の独り言ですから何とでも言えるんですが(笑)。

やっぱり「松井秀喜がやめたら巨人が弱くなった」とか、自然にそういう全部を背負ってやってる男っているもんで。打つ打たないっていうのも含めて支柱になって、明るい雰囲気をバラ撒いてる者として、もう一回俺は再生しなきゃいけない、という意識ができてしまいましたねえ。

まあ、そこに関しては努力してきたとは思うんですけども……売れてる時とか、若い時は足りてたんでしょうね。それがだんだん、歯を食いしばらないと到達できないところに来ちゃってるっていうか。衰えてるわけじゃないんだけども……諦めてもいないけど、なんか疲れやすいというか。「でも忙しいからかなあ」とか。やっぱり、ゆっくりやっていかないといけないですね。勢いだけでやれる感じはなくなりましたね、10代に比べるとね。

僕、〝凪〟で具合悪くなっちゃったんですよ、詞が上手く行かなくて……って、自分で作っておいて言うのも無責任ですけど。

この《死ぬのかい？　オレは…》っていうのは——もともとはですね、石君が、俺が死ぬとはとても信じられない、ってニュアンスでよく言うわけですよ。俺が調子乗ってる時とか、コンサートが上手く行った時とかね。「こんなにすごいことができるこの俺が死ぬなんてまったく想像できない」と。

だから最初は、「とても死ぬなんて信じられないな」っていうことだったんですけど……ただちょっと、こう、こなれてないですね、歌詞がねえ。むしろ前向きな気持ちを歌ってるんですけどね、本当はね。

でも、100年生きてても、5分しか生きられなくても、そんなに変わんないいんじゃないかって気がするんですよ。マイナスの意味じゃなくてね。

《もう僕はあれほど好きだった／本屋通いをやめてしまったんだ。／何万回もいってきたからね。／でも、倦きたんじゃないんだ、／本屋にいくという行為が／目的化しているのに気がついたんだ。／こんなまぬけなことってないよな、／大思想・大思潮にあこがれていたのに》（〝定め〟）っていうのは——そのままなんですけどね。でも、慣れてくると何でも目的化しますよね。

もともとはそういう、大思想・大思潮とかがあれば偉くなるとか、金持ちになれるとかって、一生懸命に勉強しようと思ってたんですが、だんだん本屋に行くのが習慣になっちゃったわけですよ。

それと同じで、バンドをやるために音楽をやってる、でもミュージシャンだし、という

——そういうことですよね。だから、その行き場所がなかなか……張り合いがないというか。ここまで行ったんだから、その先に楽しく生きる術みたいなものを、自分なりに発見できれば、長生きできるかなあとは思うんですけど(笑)。

アルバムの1曲目がいきなり〝平成理想主義〟だったり、お客さんにとっては決して敷居の低いアルバムではないですよね。それがその、僕が一番悩んでるところなんですけど。まあ、一足飛びには行かないっていうね。

要するに、『東京の空』『ココロに花を』っていう、明快な僕らのスタイルを作るまでの間に、1stアルバムから実に7～8年の時間をかけて辿り着いたと。でも、逆に今、自分の音楽的な部分をもう一回自分で確認するには、すごくいい時間なんですね。

僕はプロモーションのためにテレビに出てたのに、途中からテレビに出る方が面白くなっちゃって、「これはちょっと面白いからこっちの方で？」みたいな——僕も軽薄な、おっちょこちょいなところがありますのでね(笑)。

ただ、「思いきった曲」は作りたいんですよ。それがたぶん「いい曲」になると思うん

ですけどねえ。

〝悲しみの果て〟と〝四月の風〟があった時に、みんなは「〝四月の風〟をA面にしろ」って言ったけど、自分では「いや、これは絶対〝悲しみの果て〟なんです」って――それはわかるんですよ。やっぱり、そこまでの曲があって、初めてレコードが成立する。そういうことも考えるべきなんですよね。

〝平成理想主義〟がこういう、挑発的な歌詞になってるのは……気分の問題なんですよ。気が乗ってないとねえ、すぐにこう、いじけるんですよね、僕は。まあ、思いきった曲が自分の中でできてるかどうか、っていう問題なんですけど。

やっぱり、その……苦しむんですよね、歌詞っていうのは。

たとえば、〝ファイティングマン〟の歌詞を作るのに、僕は3年かかってるんですよ。何度も何度も変えてあれになってると。で、何度も反芻して「これをこうして」っていう作業が、好きなのは好きなんですよね。

だから、問題はメンバーじゃなくて、その辺の訓練が僕はやっぱり足りない――まあ反省してもしょうがないっていうか、3年で1曲しかできないって言っても仕方ないんですけど。そこはちょっと努力しないといけないでしょうね。

さっき「いい曲を作って、いい歌詞を作ることが、一番いいことなんじゃないか」って当たり前のことを言ったんですけども、そこなんですよね。どんな形にせよ、僕はやっぱり最前線で勝負したいっていう気構えがあるんで、その間はいい曲を作りますよ。

この『扉』と『凪』を基本にして、もうサービスの極致みたいなわかりやすい、いい曲をね。そのために我々は生きてますから。何とか形にする所存です。

第七章

『町を見下ろす丘』

――それぞれの自立

今をかきならせ

「平家」の序文ぢゃないけれど
この世は夢か？ so busy
大きな喜び悲しみさへも いづれ消えてしまう
春の夜の夢か？
いづれ消えてしまう。

さういやあ俺は昨日まで
何と戦ひ、何を求めて生きて来たのかさへ もう忘れてしまった。
春の夜の夢か？
富士が霞んでらあ

※夢も希望もいらねえよ
あるだけ全部で行け!!
とりあへず行け!!
今を、今をかきならせ。

なんでもかまはない
今をかきならせ
イェイ×5

おまへをよんでる。
今をかきならせ。

浦島太郎ぢゃあないけれど
この世は夢か？　さう、イージー。
どでかい何かを追ひ求めてる気がしてただけか？
遠い日のメロディー、全てまぼろしか？

胸をかきならすのは遠い日の思ひ出…
行け!!　そのままで行け!!
今を、今をかきならせ。

なんでもかまはない
今をかきならせ
イェイ×5
おまへをよんでる。
今をかきならせ。

※くりかえし
・・・
おまへをよんでる。
今をかきならせ。

「この世のすべてを俺のものにしたい！」っていうのがなくなりました。「俺は、ただのおじさんだ」と

——2006年3月29日、アルバム『町を見下ろす丘』リリース

去年（2005年）の年頭ぐらいに——『風』っていうアルバムの後で、ふっと「これは俺ひとりでやるんじゃない、4人でやってんだから」って思ったんですよね。

それで、このアルバムに関しては、出足から「4人でやるんだから、ライブで曲を作ろう」って決めたんですよね。

ここ2〜3作はだいたい、僕がデモテープを作って、レコーディング直前に「はい、この通りにやって」みたいな形が続いてて。それで、思い通りにいかないと、ガミガミ怒るみたいな……それさえも慣例化して、誰も何も感じないっていう、倦怠期の極致で(笑)。

やっぱり、俺は最初に壮大なイメージを作っちゃうわけですよ。「この曲はレッド・ツェッペリンのジョン・ボーナムみたいなドラムじゃなきゃ嫌だ！」とか、「ここはレディオヘッドのギターの音にしたい！」とかですねえ。まあ、誇大妄想でね。

でも、それはもういいやと。

もうおじさんのね、4人のお友達がやってる……言ってみりゃあ、ぬるま湯の世界じゃないですか。どう見てもバンドの緊張感がないですからね。

「だったら、もう一回ゼロから、4人でやろうよ」っつって、みんなで喫茶店に行って話したりしながら――下北沢のライブハウスCLUB Queに頼み込んで、半年ぐらい、新曲を作るライブをやったんですよ。

「俺、ギターも弾かないから。石君、悪いけど責任持ってもらわないと困るから！」っつって。「俺は国勢調査に〝ロック歌手〟って書いてんだ！ ギタリストじゃないんだ！」っつって(笑)。

まあ、実は『扉』ぐらいから、そういう風にやろうとはしてたんですよ。

それがちゃんと形になりつつあったところに、強烈にリハーサルをやったから……ものすごい！ まあ、普通のバンドと比較するとわかんないですけど、俺たち史上では最高ぐらいに練習したんですよ。「練習しかないだろ！ 自分のものにしてくれ、下手でもいいから」っつって。

その前は石君なんか、俺に対してびびってましたからね(笑)。なんでライブで緊張してるのかって、俺に緊張してるんですよ。（興奮して立ち上がって）俺、3人を肩車してる感覚に襲われて、夜も眠れない感じになっちゃうんですよ！「これ重すぎねえか？」って。小鳥ならまだいいけど、中年のおっさん3人を肩車してライブやってる感覚、これって相当重いですよ！

で、「それはやめてくれ。頼むから、自分で責任を持ってくれないか」って言ったんですよ。そしたらみんなも、「確かにおかしいかなあ」って、だんだんわかってきたみたいなんですよね。だから、前よりは絶対にいいだろうって思ってたんですよ。

それが僕の中では、精神的にすごい手応えがあったんですよね。

もともと、俺たちはバカテクバンドじゃないし、4人の結びつきと、それが音になった時の迫力でやってきたと思うから。「それを出せばいいんじゃないか」って――そのテーマははっきりしてたんですよ、やる前から。

喫茶店でみんなで集まった時も、「なんでこんなに下手なんだろうねえ？」っていう話をして――「みんなさあ、『呼吸を合わせる』っつって、俺と一緒に呼吸をしようとしてないか？」って。それって結局、「ミヤジはきっとすごいんだから、ミヤジの言うことを聞かなきゃ」っていう呪縛ですよね。

でも、まあ俺だってお山の大将ですよ、世界的なレベルで言っちゃったらね？　そりゃあまあ、石君よりは歌が上手いとは思うんですけど(笑)。

要するに、僕もその呪縛を作ってたのかもしれないです。それに気づいたのがデカいんですよね。「みんなの問題ではないんじゃないかなあ」って(笑)。「俺がお山の大将に安住していて、みんなはものすごくいい奴らだから付き合ってくれてたんじゃないか」って。「自立しようよ」ってみんなに言ったつもりが、僕自身もそうだった、っていうことなんですよね。それで「4人でもう一回やろうよ」っつって。

その時に僕がたとえで言ったのが、「成ちゃん、OLさんのバレエの発表会みたいだよ、なんで本番でプルプル震えんの?」って(笑)。発表会だと、友達が来て「良かったよ、よし子!」みたいになるじゃないですか。ああいう感じなんですよ。

でも、今回レコーディングに入って、俺がリズムの上に歌を入れたら、みんな「はっ!ミヤジの言ってたことはやっぱり正しかったのかなあ」っていうムードになって……やっぱり、力でねじ伏せてたんですね。


今回のアルバムでは、また佐久間(正英)さんにプロデューサーをお願いしたんですけども。

まあ、4人がそういう「自立しよう」っていう方向に向いてるから、僕はレコーディングに入ったら、取り越し苦労とか、エンジニアの人にムダに気ぃ遣っちゃったりとかしないためにも、「僕はもうシンガーに集中したいんです」っつって。

それで、「今まで一緒にやった人の中で、今の4人の感じに合ってるのは誰だろうね?」って考えて、浮かんだのが佐久間さんだったんですよ。

説明しなくていいところがいっぱいあるっていうか、歌のいいところをわかってくれてる、って思わせてくれるんですよね。それは楽なんです。

「マイクの音をこういう風にしてほしいんですけど……」とかいちいち言う必要がなくて。

歌を向こうで聴いてくれてるのは、嬉しかったですねえ。

で、佐久間さんがまたいいところでジャッジするんですよねえ。成ちゃんが言うんです、「佐久間さんがねえ、俺が『いい』って思ってるところで『いいんじゃない?』って言うんだよ」って。

僕が言うと、「こんなに働かねえリズム隊いねえよ? 成ちゃん」っていう話が延々続いて、レコーディングが止まっちゃうんですよね。ところが、佐久間さんはちゃんとわかってくれてたんですよね。幸せな、久しぶりに楽しいレコーディングでした。

あと、全体的に、ボーカルのバランスが前に出てるように聴こえるんですよね。

俺は「佐久間さん、絶対これ歌ちっちゃい。歌上げバージョン録っとかなくて大丈夫ですか?」っつってたんですけど——いつもはもうちょっと歌がデカいんですよ。でも、言葉がものすごく耳に入ってくる。

ミックスの方向性とか、そういうところも含めて、「佐久間さんがやってるんだから」って思える関係を築けてましたね。リハもやったし、曲も一生懸命歌ったし、いいだろう、って思える環境で作れたと思います。

そうやって、みんなで「自立しよう」って思えたのは……やっぱり、バンドに対する危機感もデカいですね。

それと、そんなに高みばっかり見てるような年齢でもないですからね。

10代で「世界一ビッグな男になる！」とか言うのは美しいけど、己の現状をある程度、冷静に判断できるようになったんですよね。

それで、「やっぱり、他にやることねえなあ」って思ったんですよ。単純に、音を出していかないと意味ないなあって……まあ、当たり前のことなんですけど。それで——「働かなきゃあ」と思ったわけで(笑)。

メロディに関してはやっぱり、僕は変な理想みたいなものがあったんですよ、「芸術家はかくあるべき！」とか。

そうすると、もう「完璧なメロディじゃないと作らない！」みたいなね。

それが『扉』ぐらいからは、「とりあえず、できた曲はどんどんレコーディングしよう」と。時間がある限りは、自分で毎日テープに吹き込んでたんです。石君とふたりで、1日10曲くらい。だから、すごくいっぱいあるんですよ、曲が。

その中で、バンドでやりやすい曲を選んでいくんです。狙ったりしないで——というより、あんまり考えないで日常的に作ってたんです。「俺たちの職業はそれだろう」って思ったんですよね。

たとえば、曲亭馬琴は朝の10時から夜の10時まで執筆活動して、それからは本を読む、って書いてあってね。だから、「いい曲・悪い曲じゃなくて、俺の曲なんだから。俺を偉そうに見せる必要も、卑下する必要もなく、このまま出してけばいいんじゃないか」って。

毎日曲を作って、いい曲ができたら、みんなの前で一生懸命に歌う——まあ、それが目標ですよ。それで始まった流れが、板についてきたっていうか、普通にそれをやるようになってきたんだと思います、たぶん。

だから、素でしたね。歌の日だからって別に気張らないっつうか。

10曲目に入ってる〝I don't know たゆまずに〟っていう曲は……今回はシングルが出ないんで、アルバムで一番盛り上がってくところに入れたつもりなんですけど。

あの………絶望感をですね、感覚じゃなくて、実地でわかってきたんですよ。

イメージの中の絶望ってあるじゃないですか。僕なんか割とアホ青年っていうか、誇大妄想系で一生懸命やってきたと思うんですね。

だけど、今の状態は、「思い通りにならねえことがいっぱいあるんだな、世の中は」っていうのが、頭のてっぺんから足の爪先までちゃんと浸透した上で、「俺たち４人は、これを普通にやればいいんじゃないか。ダメだっていいじゃないか。それはもう、俺たちがダメなんだよそりゃあ」みたいなところに立ててるんでしょうね。

だから、普通でいられて、気が楽なんですよね。

でも、僕はそこに行くまでに、すごく無駄な取り越し苦労をするんですよ。それが、音楽に関しては減ったんです。

極端に言えば、「この世のすべてを俺のものにしたい！」とか、そういうのってあるじゃないですか。それがなくなりました。「俺は、ただのおじさんだ」と。だからこそ、今まで封印してきたメロディとかコード展開とかも、割とすんなり出せるようになってきた、っていうことなんでしょうねえ。

今は目的と方向性が割とはっきりしてるから、楽ですねえ、生活が。前は「これを否定したら、もう俺がダメなんだなあ」って思いながらやってたもん。だから怖いですけどね……まあ、逆にそれは自信があるっていうことなのかもしんないけど。

《夢も希望もいらねえよ／あるだけ全部で行け!!／とりあへず行け!!／今を、今をかきならせ。》（〝今をかきならせ〟）っていうのも、まあ昔だったら「今をかきならせ！　今をかきならさなきゃどうするんだバカ野郎！」だったかもしれないですけども。

今回、歌詞のテーマみたいなものを最初に考えた時に思ったのは、「ああ……もう中年だ」っていう。

それで、俺はもう……何て言うんだろうなあ……いや、「死んだ人だから伝説」みたいなんじゃなくて、普通のことを普通にやってる人がカッコいいんだと。今の俺が、普通に音楽をやってることがいいことだ、って思ったのはあったんですよ。

「今のこの俺たちがやることだから、いいこと悪いことも含めて、思ってることをなるだけ素直に出せたら、それが一番いいんじゃないか」と。「でも、そこに忍耐も要るなあ」とか――まあ、そういうことは考えてたんですね。

それを曲ごとに、メロディありきで割り振っていったということですね。〝なぜだか、俺は禱ってゐた。〟は——できたのは最後から2番目ですけど、これはやっぱり最後の曲かもしれないですね、曲順がね。《禱ってゐた》なんていうのも、おじさんになったから書けたのかもしんない。まあ、そもそも祈ってなかったですからね。

久しぶりに楽しいレコーディングだったし……まあ、スタートラインに立てたんじゃないかって気がしますね。4人でしっかりやっていけば、恥ずかしくなんかない、っていうかですねえ(笑)。

何しろ、このアルバムには1年半かけてますから。アレンジにしても、アンサンブルにしても、リフひとつにしても、1曲に時間をかけてリハーサルできたんですよね。でもそれも、メンバーみんなに「自分で詰めてきてくれ」っつって。4人でやらない時は、個々でも絶対練習してね。「朝、目が覚めたらまずベース持って、メシの時もベースを離さないぐらいになってくれ」っつって(笑)。

僕、予言をしてたんですよ。「このアルバムは、俺がはっきりしてるから、みんなが思ってるよりは絶対に良くなるよ」って……でも今、誰も驚いてないですね(笑)。ただ、みんな、後半に向かって、「俺、練習してんだけどなあミヤジぃ」っていう顔にはならなくなりましたね。「ああ、なるほど！　ミヤジ、そうだったのか！」って思ってくれたような気がしますね。

僕自身も、レコーディングが進むにつれて——たとえば自分の歌声とか、歌詞とかね、自分で作ってても意外なフレーズが出てくるんですよ。歌を入れるのが楽しかったです。働いてる感じがするんですよね。緊張感があるんですよ、歌うのに。プロだから当たり前のことなんですけど。でも、すごい嬉しかったですねえ。かなり満足できる仕事だったと思いますね。

だから、これから曲を作りたいですね。まだ100以上あるから、石君と整理しなきゃいけないんですよ。そうやってちょっと盛り上げていかないと。


とにかく、歌を結構上手く歌えたのが嬉しくてね。

怒鳴ってもなく、衒ってもなく、卑屈でもなく、普通に歌ってるんですよ。これが気持ち良かったですねえ。

怒鳴ってないのに、怒鳴ってるっていう感じが出せたのはですねえ、良かったですよ。やっぱ精神的なもんですね、歌もねえ。

なぜかタバコも、5日間やめたんですよ俺、自分から！　そしたら、空気がスーッと入ってくるんですよ。むっちゃくちゃタバコって体に悪いですね、あれは。レコーディングが終わったら戻っちゃいましたけど(笑)。

今はお客さんはやっぱり、トミのことを心配してくれてると思うんですけども（2006年3月に慢性硬膜下血腫のため手術・入院、3〜4月の公演が中止となった）、体はもう元気なんです。

ほんと、ファンのみなさんには申し訳なかったですね。彼もそれを一番、気にしてたと思いますね。ただやっぱり、相当痛かったみたいで。かなり頑張ってレコーディングやっちゃったんで。手術も無事に済んで、これから回復していくと思います。

今日、マンガでも持ってお見舞いに行こうかと思ってて。「やっぱり入院は、活字と音楽に飢えるね」なんて言ってたんで（笑）。

石君もびっくりしてましたからね。真っ青になって、すごい心配してたなあ……。

でも、ツアーは5月からやりますんで。ツアーでビシッとやった方が、気持ちも切り替えられるから。トミには「何しろ休んでくれ」って、僕らも言ったんですね。

まあ、いいアルバムを作れたし、今は目的がはっきりしてますんで。大丈夫です！

冨永「1回目の手術後の定期検診で『今度は左側に血が溜まってるね』って……2回目は辛かったですね」
宮本「コンサート一発目、トミが来た時に、『さすがに今日はドラム蹴れねえな』って思いました」

2006年6月、冨永義之復帰記念インタビュー

司会＝渋谷陽一

――まず、「トミの具合が悪いぞ」というのをバンドのメンバーが知ったのはいつの段階だったんですか？

宮本浩次「えーっとですね。リハの時に『頭が痛い』って言ってたんですよね。バファリン飲んでて。ね？　石君」

石森敏行「はい。インフルエンザにかかった後、1ヶ月くらい経ってから、『頭が痛い、ずーっと治らない』って言ってて」

宮本「最初、レコーディング中にインフルエンザを伝染されたらたまんないから、電話で『スタジオに来るな来るな』って言ってたんですよ。そうすると、電話口で『うんうんうん』とか言ってるんですよね。これは拗ねてんだろうと思ってたら、単に頭が痛くて虚ろな状

態だったみたいですね。翌日ぐらいにもう入院してましたから。ねえ?」
冨永義之「はい」
——当事者のトミとしてはどうだったんですか。
冨永「最初はインフルエンザがすごく辛くて……もう、とにかくだるいし、熱も39度何分か出てて。その時は、頭が痛いのはほとんど感じてなかったんです」
——頭痛っていうのは、前から持病か何かであったわけ?
冨永「いや、頭は今年の1月のライブ(新春ライブ2006/1月7日・なんばHatch、1月8日・Zepp Tokyo)の後から痛くなって……」
宮本「明らかに音が違ってるんですよ、12月までと。だから『様子がおかしい、頭あたり痛いんじゃないか』って」
冨永「言ってたね、そういえば」
宮本「そしたら『実は痛くて、頭痛薬飲んでんだよ』って」
——自分としては単なる頭痛だと思ってたわけ?
冨永「はい。ずいぶん痛いし、『どうも治らないな』とは思ってたんだけど。それで、インフルエンザが治っても頭痛だけは続いてて——」
——医者には行かなかったの?
冨永「行きました。血液検査とかいろいろして。『肝機能とかも異常な数値が出てるから、いろんな要因が合わさって頭が痛くなってるんじゃないか』と言われて」

――じゃあ、いきなり慢性硬膜下血腫という診断はなかったんだ。
冨永「その時はなかったですね。その後、麻痺とか出始めたんで、違う病院に行って」
――それはいつぐらいなの？
冨永「それは血栓がわかる直前でしたね」
宮本「俺が電話したんだよな。でも『はあはあ』しか言わないから『この人、話聞いてんのかな？』って思いましたもん」
――だけどドラムは叩けてたんだよね。
冨永「その時は、もう叩いてなかったです。でも、痺みたいなので、足とか動かすじゃないですか。そうすると、左足だけが動かなくて」
――それ結構、全身から血の気が引いたんじゃない？
冨永「その時は………信じないようにして(笑)。『インフルエンザの影響でこうなってるんだろうな』『明日になったら治るだろう』と思ってて」
宮本「トミ、病気の説明を会う人会う人にしてるから、説明が上手くなってるよ」
冨永「(笑)。でも怖かったです」
――で、身体の麻痺が出て、「これはインフルエンザのせいだ」と思いたいけど――。
冨永「さすがに怖くなって、病院に行きました、次の日(笑)。そしたら、今度は『神経系じゃないか』って言われて。そこは神経内科がないから、他の病院に紹介状を書くためにCT画像も添付しようみたいな話になって、CTスキャンを撮ったら、すごい血が溜まってた。その場で入院して、その日に手術して」
——うわあ、じゃあそこで爆発してたら、下手すりゃ死んでたかもしれないよね。
冨永「参ったなと思いました」
——で、慢性硬膜下血腫だって言われて、「これはひょっとしてドラム叩けなくなるかな」みたいに思ったりした？
冨永「それは思いませんでしたね」
——「手術すりゃ治るぞ」と。
冨永「ええ」
——医者にも「大丈夫だ」って言われたの？
冨永「どんぐらい入院するかっていうのが、イマイチわかんなかったんですよ」
宮本「2回なったんだよな。治って、快気祝いでタオルもらったんだけど、一度会ったら痛そうにしてて、『変だな』とは思ってたんですよ」
——えっ、2回手術したの？
冨永「はい。右と左。1回目の後、定期的にCTスキャンを撮らなきゃいけなくなって、その定期健診の1回目でいきなり『今度は左側に血が溜まってるね。これも今日手術しよう』って言われて」
——……。ちょっと目の前が真っ暗にならなかった？
冨永「2回目はちょっと…………辛かったかな。『また同じことやんのか』と思って」

宮本「さすがに2回目の時は、お見舞いに行けなかったよね。でも、入院中から言われてたんでしょ？　『もしかすると左も行くかもしんないよ』って」
冨永「怪しい部分はあったみたいで。『おそらく大丈夫じゃないかな』とは言ってたんだけど、あっさりダメでしたね」
――1回目の手術の後だって、回復は相当大変だったんでしょ。
冨永「1週間入院して、さらに退院してからも、ほとんど外に出なかったから」
――成ちゃん、2回目の手術って聞いた時どうだった？　「えーっ⁉」みたいな感じ？
高緑成治「でも、最初に入院した時に、『片方が圧迫されてた後、治って元に戻ると、反対側はどうなのかな』っていう話はしてたんで。そしたら、いつの間にか2回目の手術しちゃってて――」
――あ、そうなんだ。
高緑「もう後日談だったんです」
――「これから2回目の手術をする」っていうのは、トミとしてはあんまり言いたくなかったんだ？
冨永「もしかしたら、そうかもしれないですね」
宮本「俺、電話した時、前日までつながってたのに、急につながんなくなって。嫌だなって思ってたんだよね」
――じゃあ、バンドのメンバーは「トミが2回目の手術をする」ってことは知らなかったんだ。

冨永「言わなかったかもしれないです」

——心配かけたくなかった？

冨永「……うん」

——そうだよねえ。で、2回目の手術をして「これは治ったぞ」っていう感じだったの？

冨永「はい。もう頭が痛いっていうのがパッとなくなって。それで『これはもう、本当に治ったんだな』って思いましたね」

——で、宮本君たちは「トミが帰ってくるまで何もやらねえんだ」って言って、トミが治るのを信じてたわけだ。

宮本「トミがコンサートやりたいって言ってたから。入院中に『俺は死んでもやるんだ』みたいなこと言うわけですよ」

冨永「あっはははは！」

宮本「いい心がけだとは思ったんですけど(笑)。そんなこと言ったって、いくら何でもやれるわけないじゃないですか。それで、レコード会社にも事務所の人にも言わないで、俺たち4人で決めちゃったんですね、『やめよう』って。しかも、一回コンサートを飛ばすだけじゃ危険だから、一応二回飛ばして」

——「死んでもやるんだ」って、入院中は思ってたわけ？

冨永「お見舞いに来てくれた時に4人で話したんですけど、ミヤジが『中途半端な練習になってライブやるより、ちゃんと治してからリハーサルやって、ちゃんとしたライブをやった方が絶対いい』って言って」
宮本「こっちはそんな重い病気だってわかってなかったですからね。『頭に血が溜まるってどういうことだろう?』って」
——でも、「お前がいなきゃバンドはやらない」「ライブもやらないで待ってるよ」って言われたら嬉しいよね。
冨永「もちろん」
——バンドに迷いは全然なかったの? もう「トミがいなきゃしょうがねえんだから、とりあえず待とうぜ」っていう感じ?
宮本「何つってたっけ? 3人で行った時」
石森「いや、もう『ライブはやめた方がいい』って」
宮本「石君はほんっとに心配して、顔色が真っ青になっちゃって。やる・やらないとか、そういう次元じゃなかったんですよ。『宮本、てめえ、やるなんて言ったら殺すぞ!』ぐらいの雰囲気が出てて。真っ青な顔で斜めの角度から顔を見せててね」
——(笑)。
宮本「冗談でも『コンサートやろう』なんて言えない雰囲気。でも、俺みたいなアホに限って、そういう圧迫感が我慢できないから、逆に『やろう』とかって言いたがるじゃないですか」

——石君、そうでしたか。
石森「どうなんですかね？（笑）」
宮本「そうでしたよ。俺、『なんであんな真っ青な顔してんのかな』って思ってて。家に帰ってから、『ああ、トミのこと心配してたんだ』って、わかったんだもん（笑）」
冨永「ははははは」
——成ちゃんはどうだった？
高緑「手術した後、もう本人が『やるやる』って言ってたんですよ。でも、その後また問題があってもマズいなっていう判断がみんなにあったんで。とりあえず静める、ぐらいの勢いで」
——なるほどね。それで2回目の手術が上手く行って、体調が戻ってきて、トミ的には「これはやれるぞ」っていう手応えを感じたわけ？
冨永「はい。手術が終わって、1週間ぐらい入院して。退院してから何日か後に1回、写真を撮りに行ったんですよ。『もう平気だな』って、その時に思ってました」
——退院した時には、またみんなで集まったりしたの？
冨永「えーっと、いや、『何日からリハーサルやろう』って決めて」
宮本「もう、5月のライブは決まってたんですよ。だから、みんなでお見舞いに行った時に、僕が『5月からリハをやるつもりだから、できそうなタイミングになったら電話くれ』っつってて……で、俺に電話してきたじゃん」

冨永「はい」

宮本「『5月からリハーサルやるつもりで体を慣らしといてくれ』って。『でも、医者がいって言うまでは動かないでくれ』っつって」

冨永「うん」

宮本「だから、この前のツアーは、4月の下旬ぐらいから3人では会ってたんだけど、通しでは2回ぐらいしか練習してなくて——だって、4人で最初にやった練習で、『頭が熱い』とか言うんですもん。だから、『えーっ！　病院行ってきてくれよ！』っつって」

冨永「たぶん、急にドラムを全開で叩いたからかなと思うんですけど(笑)」

宮本「『ヤバいんじゃないか？』と思っちゃいましたよ。そしたら、何ともなかったんだよね。『大丈夫です』って言われて」

——そうなんだ。思いっきりドラム叩いたのは、その時が退院して初めてなんだよね。

冨永「そうですね、その辺が初めてですね。それまですごく調子が良かったから、『まさかなあ』とは思ったんですけど……今まで我慢してたから、やっぱり興奮するじゃないですか？」

——「ひょっとすると俺は二度とドラムが叩けないかもしれない」とか思ってたのに、「おおーっ！」って感じだったわけだ？

冨永「なんか、頭が熱く感じるんですよ(笑)。血が上ってんのかしんないけど」

——そうだったんだ。そうすると、5月末のLIQUIDROOMのライブは、練習を何回かしかできないでやったっていうこと?

宮本「通しではね。曲はもう、5月の頭には決めてたんですけど、少しずつやったんで。たとえば、練習の時間が5時間あっても、1時間ぐらいしかやんないで、あとは話したりとかで……コンサートの2日ぐらい前に、初めて通しでできて。でも、トミは入院する前よりいい音に——っていうか、音がすごい大きくなってたんですよね。ただ、やっぱり4人で合わせてなかったから、演奏が合わなくて。〝地元のダンナ〟ばっかり300回ぐらいやった記憶がありますね(笑)。でも、いろいろ考えますね……やっぱり、トミのことは象徴的だったんですけど、明らかに体が違うんですよね。突然タバコが吸えなくなってきちゃったんですよ!」

——宮本が?

宮本「1日70本とか80本吸ってたのが、1日10本ぐらいになっちゃって……トミのこととか、相当ショックを受けてたのかもしれないですね。あとは年齢的なものとか、ちょっとヤバい感じなんですよ。『あと何年、これができるのかな』って。それは全然後ろ向きな意味じゃなくて、トミのことをきっかけに、『より一回一回を真剣にやっていかないといけないんじゃないか』っていう気持ちになったんですね。体が資本というか、体あってのコンサートだし、って改めて強く感じましたね」

——トミも「自分は丈夫だ」と思ってたら、今回のことで「そうでもないな」ってつくづく思ったでしょう?

冨永「それは思いましたね」
宮本「タバコやめちゃったもんね」
冨永「はい。入院してタバコが吸えない状況になって、『もういいかな』って」
宮本「綺麗な看護婦さんと約束したらしいですよ」
全員「ははは」
——成ちゃんはどう？「トミがこんな状態でエレカシは大丈夫なのかな」っていう危機感みたいなのは感じなかった？
高緑「いや、それは感じませんでしたね。たぶん治るんだろう、治ればまた一緒にできるんだろうって思ってて」
宮本「でも、練習しなきゃダメですよ、４人でね。技術的なものしかカバーできないんですよ。（やおらメンバーに向かって）僕らそれぞれが個々のパートで、自分の責任を最大限に果たしていかないとさ。俺、40だぜ？　ミック・ジャガーみたいな恐ろしい人間もいるけど、普通で考えたらいくつまでできる？　俺たちが精一杯音楽をやっていけるのなんて何歳までだろう、やりたくてもできなくなる時が来るんじゃないか……そういう危機感を持ってやるべきだと思う。ということを、僕は痛切に感じました。トミの体のことだけじゃなくて、自分も明らかに22歳の時とは違う。でも、これはマイナスでも何でもなくて、受け止めなきゃいけないことなんだって思いました」
——ある程度の年齢に達すると、それはみんな思うよね。この間のライブは、トミの復帰と、すごく良くできた新作の曲が初めてステージで演奏されたっていう意味で、僕はすごく楽しめたんだけど。トミはお客さんから「お帰り、トミ！」とか言ってもらって嬉しかったんじゃない？

冨永「もちろんそうなんですけど。大阪でやった時は、ちょっとあれかなあ………興奮しちゃったかなあ」

——成ちゃんなんかも、「もう一回メンバー全員で演奏できた」っていう感慨があったんじゃない？

高緑「そうですね。でも、間が空いたこともあるんですけど、『もっともっと努力しなきゃなあ』とは思いました」

宮本「要するに、ファンのみんなが喜んでくれてるのとはまったく別の次元でね、これから一生懸命やっていくそのポイントが、今回の件でかえってわかったっていう感じだよな？　一生懸命のポイントが絞れてきたというか」

冨永「うん」

——最新作の『町を見下ろす丘』はすごくいいしね。でも、それと同時に、再結成バンドではないわけで。現役でこれからもバリバリやってくんだから、むしろ先を視野に入れて進んでいく、っていうモードなんだ？

宮本「僕はそういうつもりでやってるんですけどね。『DEAD OR ALIVE』っていうミニアルバムからバンド重視でやってきて、『扉』『風』を作って、今回『町を見下ろす丘』

を出して。トミが倒れた件は象徴的だなと思ってます。やっぱり、俺たちにしか出せない音だって絶対あるし。バンドが一番最初に思ってた、『4人でいい音を鳴らしていく』っていう根本的な気持ちを再確認したというか。つまり……僕はこれから、もっと良くなっていく気がしてしょうがないんですよね。同じものが見え始めたというか――てんでバラバラだったのが、体のことや、ある程度練習したらちゃんと評価されるアルバムができたことでね。要は、音楽っていう核心に、4人みんなの心が向かい始めたっていうか」

――「ただ勢いだけではもうやってられないんだ」という重い事実認識もできた感じなんだね。じゃあ、みんな、ちょっと健康管理に気をつけてる？

冨永「うーん……そうでもないかな？　いや、気をつけます」

高緑「健康……うーん………」

――（笑）。大丈夫か？　このバンド。石君もバッチリ？

石森「はい。バッチリです」

――ファンとしては待望のツアーの再開なんだから、頑張ってください。「ROCK IN JAPAN FES.」もよろしくお願いします。

宮本「はい！　でも、単純に嬉しかったですよね。コンサート一発目、トミが来た時に、『さすがに今日はドラム蹴れねえな』って思いましたもん」

全員「（笑）」

あとがき

オレたちのバンドはロッキング・オンの人々ともう30年近いつきあいになります。なにしろオレたちがデビューしたのは1988年3月21日だから、約30年前になるのです。そのとき、いろんな音楽雑誌がある中でどこよりもはやくオレにインタビューしてくれたのが誰あろう、ロッキング・オン代表の渋谷陽一さんでした。

はじめての取材でした。デビューの2、3ヶ月前だったのです。オレはまだ大学生で、もちろん自分の作品には自信をもっていたとはいえ、所謂世間的な評価をうける俎上に乗る前に、つまりデビューより前に、日本で一番信頼されてい、オレ自身も最も信頼をおいていた評論家の渋谷さんの高い評価をうけたのです。正直喜びよりも、驚き、とまどいました。実際渋谷の公園通りのパルコの二階にあった「アイウエオ」という喫茶店でとりおこなわれた取材では、渋谷さんのテンポある語りについてゆけずオレはしどろもどろで、渋谷さんにももう少ししゃべってくれなくては…とおしかりをうけました。とはいえ花々しい門出といっていいでしょう。オレたちのそのはじめての記事は、ロッキング・オン本誌に堂々カラー2ページ掲載されました。

それからエレファントカシマシがはじめてのアルバムを出したあと、確かロッキング・オンにおける三度目の取材にあらわれたのが長身の山崎洋一郎さんでした。

オレたちのバンドはデビューした1988年からエピック・ソニーとの契約が切れる94年までの七年間、双啓舎という個人事務所に属していました。その事務所は渋谷の東急ハンズの裏手の古い民家なのでした。建物の前に小さな庭があり、その庭に花壇などもある今思うと不思議な環境の場所でした。その事務所の二階に飄然とあらわれた山崎さんは非常な長身で優しい風貌をしている人でした。そして思っていた以上に若い人でした（若いといっても21歳のオレよりはもちろん年上で24歳だといっていました）。山崎さんは実に真剣な表情で訥々とオレたちのファーストアルバムが非常に素晴らしいことを「革命的」という言葉さえつかって語り、非常に高く評価してくれました。以来30年にわたって、バンドの浮き沈みに関係なく常に山崎さんはじめロッキング・オンの人々はエレファントカシマシの音楽を語る「急先鋒」でありつづけてくれています。少なくともオレはそう感じています。特に音楽に対する深い知識と愛情に裏打ちされた山崎さんの評価は、いつだってオレたちにとって最大最高の指針です（ちなみにエレファントカシマシの通り名「エレカシ」は山崎さんが何かの取材のおりにつけてくれたニックネームです）。

（下巻に続く）

2017年8月25日　宮本浩次

初出一覧

「明日に向かって走れ〝秋〟」ツアー直撃インタビュー ……『ROCKIN'ON JAPAN』1997年12月号（取材：山崎洋一郎）

『はじまりは今』……『ROCKIN'ON JAPAN』1998年5月号（取材：山崎洋一郎）

お茶と急須の旅 in 中国 ……『ROCKIN'ON JAPAN』1998年8月号（取材：山崎洋一郎）

『夢のかけら』……『ROCKIN'ON JAPAN』1998年10月号（取材：山崎洋一郎）

『愛と夢』……『bridge』21号［『Cut』1999年2月増刊号］（取材：渋谷陽一）

宮本浩次×草野マサムネ（スピッツ）対談 ……『bridge』17号［『Cut』1998年2月増刊号］（取材：渋谷陽一）

『ガストロンジャー』……『ROCKIN'ON JAPAN』2000年1月号（取材：山崎洋一郎）

『good morning』……『ROCKIN'ON JAPAN』2000年5月号（取材：山崎洋一郎）

「超激烈ROCK TOUR」直撃インタビュー ……『ROCKIN'ON JAPAN』2000年8月号（取材：鹿野 淳）

『孤独な太陽』……『ROCKIN'ON JAPAN』2001年4月号（取材：其田尚也）

『暑中見舞 -憂鬱な午後-』……『ROCKIN'ON JAPAN』2001年8月号（取材：鹿野 淳）

『ライフ』……『ROCKIN'ON JAPAN』2002年5月10日号（取材：鹿野 淳）

『DEAD OR ALIVE』……『bridge』37号［『Cut』2003年2月増刊号］（取材：渋谷陽一）

『俺の道』……『bridge』38号［『Cut』2003年9月増刊号］（取材：渋谷陽一）

『扉』……『bridge』40号［『Cut』2004年5月増刊号］（取材：渋谷陽一）

『風』……『bridge』42号［『Cut』2004年10月増刊号］（取材：渋谷陽一）

『町を見下ろす丘』……『bridge』48号［『Cut』2006年5月増刊号］（取材：渋谷陽一）

冨永義之復帰記念インタビュー ……『bridge』49号［『Cut』2006年8月増刊号］（取材：渋谷陽一）

はじまりは今
ガストロンジャー
普通の日々
生命賛歌
歴史
平成理想主義
今をかきならせ

作詞　宮本浩次

編集　山崎洋一郎／小松香里／塚原彩弓
構成・編集　高橋智樹
編集補助　齊藤幸
校正　岩沢朋子
装丁・デザイン　関万葉
協力　株式会社フェイス ミュージックエンタテインメント

撮影

半沢克夫　表紙カバー／P184-185
吉場正和　P169,P186-187
渋谷陽一　P170-171,178-179
松尾哲　P172-173
岡田貴之　P174-175
髙橋恭司　P176-177
NAKA　P180-181
大森克己　P182-183
沖村アキラ　P188-189
吉永マサユキ　P190-191
佐内正史　P192

俺たちの明日——エレファントカシマシの軌跡　上巻

2017年9月16日　初版第1刷発行
2021年6月12日　第3刷発行

著者　宮本浩次
発行者　渋谷陽一
発行所　株式会社ロッキング・オン
〒150-8569
東京都渋谷区渋谷2-24-12 渋谷スクランブルスクエア27階
03-5464-7330
印刷所　大日本印刷株式会社

ISBN978-4-86052-128-8　C0073